普天之下・盡是好書

普天 出版家族
Popular Press Family

凌雲 文創
A-Plus Creative Company

你的心境，決定你的處境

調整心境，才會有幸福人生

不論眼前如何黑暗，人都要設法擺脫心中的陰霾，迎向充滿希望的未來。
從紛亂擾攘的悲觀走出來，從茫昧無明的苦惱走出來，生命就不會充斥著負面思緒……
幸不幸福，快不快樂，都是心的作用；
幸福快樂的法則其實很簡單，你越是用心體會，你的幸福快樂就會越真切。
晴天愛晴，雨天愛雨，在有歡樂處歡樂，在無歡樂處歡樂，充分享受生命的每個瞬間，
你就同樣能在不如意的際遇中過自己的幸福人生！

連城紀彥——編著

出版序

調整心境，才會有幸福人生

無論順境還是逆境，都是人生的歷程，只有適時調整自己的心境，才能改變目前不如意的處境，才能開創幸福人生。

作家弗列德利曾說過一句膾炙人口的名言：「兩個人從同一座城堡，由內往外望，一個望見的是泥土，另一個望見的是星星。」

人生其實是由一連串的問題和事件組合而成，哀怨、抱怨無法幫助你走出困境，只會讓你喪失理性與冷靜。對自己的處境充滿無力感時，不妨試著調整自己的心境，如此才能望見屬於自己的美麗星星。

日子越難過，越要用心過，越要帶著微笑度過。

就像拿破崙所說的：「勝利必定屬於最堅忍的人」，如果你因爲遍尋不著人生的「金剛鑽」而心灰意冷地放棄不幹，那麼，也許就在你沮喪氣餒的同時，幸運之神已經與成功擦身而過。

二十世紀五〇年代，盛傳有人在委內瑞拉山區發現金剛鑽而發財致富，一個叫做費爾·沙萊諾的年輕人聽到這個消息，便和兩個朋友興致勃勃地結伴深入委內瑞拉山區。

他們抱著無限的希望和信心，來到傳說中發現金剛鑽的河床，便迫不及待地開始淘金，撿起一顆顆鵝卵石仔細觀察。然而，三個人廢寢忘食地挑撿石頭，不知不覺間幾個月過去了，衣衫襤褸了，鞋帽也磨破了，仍舊沒發現金剛鑽的蹤影。

有一天，費爾·沙萊諾精疲力盡地坐在佈滿砂礫的乾枯河床上，對著身旁的兩位伙伴說：「喂！我們乾脆回去吧，再找下去也不會有結果，你們看，我已撿了九十九萬九千九百九十九萬鵝卵石了，可是還是尋不到一塊金剛鑽！因此，我決定不幹了！」

這時，有一個伙伴帶著戲謔的口氣說：「你要回去之前，乾脆再撿一顆，湊個整數嘛。」

沙萊諾不以為意，也用同樣戲謔的口氣回答：「好吧！我就再撿一塊，湊足一百萬顆！」

他閉著疲累的眼睛，隨手在一堆鵝卵石中摸出一顆雞蛋大小的石頭，笑著說：「就拿這顆充作第一百萬顆吧！」

可是，沙萊諾臉上的笑容煞那間僵住了，因為他感覺到手中的石頭，比普通的鵝卵石沉重許多。他連忙張開眼睛一看，隨即高興地叫起來了：「哇！這是一塊金剛鑽！」

後來，紐約珠寶商哈萊．溫司頓開出二十萬美金的價錢，買下了這第一百萬顆的「鵝卵石」，並且命名為「釋放者」。截至目前為止，它仍是世界上體積最大、質地最純的金剛鑽。

俄國作家斯坦尼斯拉夫斯基在《我的生活藝術》裡勉勵我們說：「必須從無

路可通的叢莽中披荊斬棘，覓尋一處可以發現金沙的所在，然後淘盡了數百斤沙石，希望至少找到幾粒金屑。」

如果說人生是一條迤邐蜿蜒的長河，那麼，大多數人都像費爾·沙萊諾一樣，在河床上摸摸索索，想尋獲改變自己生命際遇的「金剛鑽」。

最後的一塊鵝卵石使得沙萊諾瞬間致富的故事勉勵我們，凡事在想要放棄之前，不妨勉勵自己再多努力一下。只要你多一分鐘努力，就能使自己多一分成功的可能。

一個人能不能活得快活，關鍵往往在於是否願意忍受短暫的不如意。

不管在工作上、生活上，或是人際交往上，隨時都有讓我們困擾不已的問題出現，解決這些問題的最好方式，便是用樂觀的態度面對。

無論順境還是逆境，都是人生的歷程，只有適時調整自己的心境，才能改變目前不如意的處境，才能開創幸福人生。

PART—1
不斷自我超越，人生更有趣味

只有當你不停挑戰自己，一次又一次跳脫框架，你才能活得一天比一天更年輕。

PART—2

小人就是最好的貴人

生命中的每個小人，其實都是我們的貴人。他們看似在折磨我們，其實卻是在造就我們。

PART—3

不怕沒實力，只怕沒自信

別人說的不一定是真的，別人做的不一定是對的，只有自己決定的事情，才是不可以輕忽的。

PART—4

自我檢討，才能越來越好

真正了解自己以後，你就會發現，自己不足的地方還有很多。把失敗歸因於運氣，不過是自欺欺人的一種說法而已。

PART— 5

換個方向，發現新希望

挫折只不過是在宣告「此路不通」，並不能阻撓我們到達想去的目的地，只要可以再找到另外一條路。

PART—6

不放棄挑戰 就沒有失敗

成功者的心裡，沒有失敗這兩個字。別人眼裡的巨大失敗，對他來說只是一時的不方便、不順遂而已。

PART—7

相信自己，寬容別人

美國詩人卡洛斯．威廉斯曾說：「愛所具有的力量不就是寬恕嗎？換言之，由於它的調停，已經發生的事得以挽回。倘非如此，它還有何益處？」

PART—8

三心兩意 必然一事無成

幽默作家蕭伯納曾說：「人生真正的成功與歡樂，是致力於一個自己認為是偉大的目標。」

PART—9

勇敢把自己的缺點秀出來

英國小說家傑羅姆在《閒人閒思》中寫道：

「我們是通過各自的缺陷和弱點，而不是通過各自的優點，才相互產生交流和共鳴的。」

PART—10

活著不是為了痛苦

蘇聯作家杜金說：「一切要來的都在未來，一切已逝的都在過去。未來不在命運之中，而在我們自己手中。」

PART—11

幸福來自內在的滿足

摩里斯．梅特林克說：「幸福就像是一隻膽怯的青鳥，你費盡心思想要捕捉牠，牠就會機警地飛去。最好的方法是保持距離，牠就會永久地陪伴著你。」

01

不斷自我超越，人生更有趣味

只有當你不停挑戰自己，
一次又一次跳脫框架，
你才能活得一天比一天更年輕。

決定勝負的關鍵就在一念之間

失敗的確有助於成功，但前提是，你必須從失敗當中汲取養分、獲得教訓，並且自己去收拾這個爛攤子。

作家納蘭德曾經說：「人生就像棒球一樣，勝負的關鍵，經常出現在『兩好三壞』的時候。」

的確，人生旅程中，我們經常會面臨不是「上天堂」就是「下地獄」，不是「當英雄」就是「當狗熊」的兩好三壞關鍵時刻，轉捩點就在當你面對這種關鍵時刻，到底是消極地站在原地等待投手和裁判決定你的命運，還是主動積極地揮棒，擊出決定人生勝負的「全壘打」。

美國第三十七任總統尼克森，是個不折不扣的「失敗專家」。

小時候的尼克森，由於家境貧困，必須在家裡的店鋪幫忙。每天早上四點起床，趕著馬車來回走兩個小時的路，買回新鮮的蔬菜水果，把它們洗乾淨之後，才能夠去上學。

即使是假日，他也要到各處去打零工，替公共游泳池看門、為雞鴨店拔毛……幼小的尼克森從來沒有過一天輕鬆的日子。

大學畢業以後，尼克森進入了杜克大學深造。

為了省錢，他和室友四個人合睡兩張鐵架床，冬天燒廢紙取暖，早餐只吃一塊糖，並且一邊讀書一邊在學校裡打工，以賺取自己的生活費。

畢業之後，成績名列前茅的尼克森並未得到幸運之神的恩寵。他在紐約找工作四處碰壁，只好回到鄉下老家，好不容易才獲得了州律師的資格。

從政以後的尼克森，日子也不是一帆風順的。

一九六〇年，尼克森在總統競選中，以一萬一千零八十五票的微小差距敗北，令他感到非常非常地遺憾。

他不願意向命運低頭，兩年後，懷著雪恥的心情，再次競選加州州長，沒想到卻面臨了一次更嚴重的失敗。

滿腹委屈的尼克森在不甘心之餘，對新聞界說了一些重話，結果遭到了以美國廣播公司為首的新聞界的報復。媒體大幅的負面報導，幾乎結束了他的政治生命和前途。

在大多數人眼裡，尼克森鐵定「玩完了」，但是他並未就此氣餒，選擇重新掛牌開張當律師，同時加強自己對金融界和企業界的了解，並親自赴越南了解國際局勢，不時撰文寫稿，發表自己對內外政策的看法。

經過八年的在野生活，尼克森又走上了總統競選台。

這次，有了充分準備的尼克森終於獲得成功，順利登上總統寶座。

羅傑斯曾經寫道：「當你的人生遇到『兩好三壞』的關鍵時刻，與其消極地站在原地等待『保送』的機會，不如積極地揮棒創造『得分』的契機。」

因爲，當你消極地站在原地等待「保送」，極有可能等到「三振出局」，如果你積極地揮棒打擊，雖然可能揮棒落空，但是也有可能一棒揮出扭轉人生戰局的「全壘打」。

尼克森的勝利，歸功於能超越失敗。一次次的失敗非但沒有壓垮他，反而激發出應付逆境的潛能，幫助他成爲一個更有智慧的領導者。

尼克森的前半生，幾乎老是被命運玩弄。

他必須要付出比別人更多的努力，才能得到和別人一樣的報酬。他總是要多走上許多冤枉路，卻還是到不了想要去的地方。

換成一般人，經歷那麼多次打擊之後，很可能再也沒有勇氣走下去，宿命一點的人或許還會覺得，自己就是注定沒那個命，不如乾脆換條路走算了。

然而，尼克森卻從來不向命運低頭。他用謙卑的心去檢視自己，找出失敗的原因，加強原來不足的地方，然後再接再厲。

他沒有把失敗歸因於環境、命運、小人、時機，而是由自己一肩扛起所有的責任。也因爲如此，失敗反而催化了他的成功。

有句話說「失敗為成功之母」，這句話幾乎每個人都聽過，卻很少人以實際行動去印證。失敗的確有助於成功，但前提是，你必須從失敗當中汲取養分、獲得教訓，並且自己去收拾這個爛攤子。

一次失敗，不等於永遠失敗，無數次失敗，也不表示永遠不會成功。即便面臨兩好三壞，你仍可以擊出全壘打，或者將對手三振。

不怕失敗，只怕沒有勇氣重新來過。

打好基礎，成就才會穩固

結出的「果實」有多大，不為人知的「根」就有多深。「根深葉茂」的人，實力不容抹滅，成就也一定會被人看見。

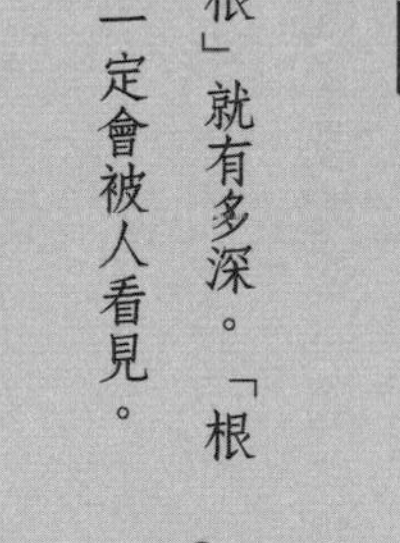

台灣名模林志玲，到了三十歲才爆紅成名，在模特兒界可謂「高齡」。有記者因此問她說：「妳會不會遺憾自己這麼老了才成名？」

林志玲卻笑著回答說：「就是因爲我現在才成名，所以觀衆才能看到這個完整的我。」

每個人，都有一個最適合自己的成功時間點。就像一名投手，在關鍵時刻投出關鍵一球，就決定了勝利。

莫泊桑是法國的批判現實主義作家。他一生中寫了三百四十多篇短篇小說和六部長篇小說，運用文字來揭露當時資產階級虛偽、自私的本質，被譽為「短篇小說之王」，對後世文壇有著極大的影響力。

那麼，莫泊桑又是怎麼踏上寫作這一途的呢？

莫泊桑十三歲那年考進里昂中學，他的老師布耶是當時著名的詩人。布耶在學校裡發現莫泊桑經常寫詩，便翻閱了他的練習本，上面有這樣的詩句：「人的生命有如船在海上駛過的船隻，水痕慢慢地變遠，變淡。」

這幾句詩雖然消極，但富含詩意，文句也很優美。

布耶覺得這名學生有寫詩的天份，為了好好地栽培他，特地請來好朋友，也就是當時舉世聞名的作家福樓拜來指導。

福樓拜看了看莫泊桑的作品，對他說：「孩子，我不知道你有沒有才氣。你的作品顯示出你有某些聰明，但是，你永遠不要忘記，對一個作家來說，才氣就是堅持不懈。你得好好努力呀！」

莫泊桑點點頭，把福樓拜的話牢牢記在心裡。

在福樓拜嚴格訓練下，莫泊桑的寫作功力突飛猛進。

他開始寫劇本和小說，每次寫完，就請福樓拜指點，福樓拜總是指出一大堆缺點與不足。不管莫泊桑怎麼修改，福樓拜總是不滿意。

莫泊桑想要把修改好的作品寄去報社發表，卻被福樓拜阻止，並且告訴他：「不成熟的作品，不要寄到刊物上發表。」

剛開始，莫泊桑乖乖地遵從老師的話，把寫好的稿子默默地收在櫃子裡。一段時間之後，那些稿子堆起來，竟然已有一個人高。

日子久了，莫泊桑不禁開始懷疑，福樓拜不讓他發表作品，是不是不希望他有出頭的機會？

一天，莫泊桑走到果園裡，看到一棵小小的蘋果樹，樹上結滿了果實，但是卻因為果實太重，小樹細嫩的枝條被拉得貼著了地面。

他再轉頭看了看兩旁的大蘋果樹，樹上雖然也結實纍纍，但枝條卻仍然硬朗朗地支撐著。看到這幅景象，莫泊桑終於恍然大悟：一個人在「枝幹」還沒硬朗之前，不宜過早地「開花結果」，等到「根深葉茂」以後，是不愁結不出豐碩的「果實」來的。

莫泊桑決定更虛心地向福樓拜學習，好讓自己「根深葉茂」起來。

一八八〇年，莫泊桑已經三十歲了，但仍然沒沒無聞。

這一年，他寫了一篇名為〈羊脂球〉的短篇小說，並請福樓拜指點。

福樓拜讀完這篇小說後，非常欣慰地說：「這篇小說寫得太好了！現在，你的作品已經成熟了，可以見世面了。」

〈羊脂球〉一發表就轟動了法國文壇，使莫泊桑一夕成名。

莫泊桑總算嚐到了豐收的滋味，很多人都把莫泊桑喻為「天才」，說他「生下來就會寫作」，但是他們哪裡知道，這部作品是他長期以來嚴格訓練的結果，其中有他不懈的努力，更凝結著老師福樓拜的心血呢！

對一個作家來說，才氣不只是天份，更需要堅持不懈。

每一個成功的人，他結出來的「果實」能有多大，在成功之下不爲人知的

「根」就有多深。

「根深葉茂」的人，實力不容抹滅，成就也一定會被人看見。

反過來說，如果你尚未成功，絕對不是因爲你的運氣不好，也不是因爲你的人脈不夠廣，而是因爲實力還不夠堅強，枝葉還不夠繁茂。太早開花結果，對你來說未必是件好事。

我們都像是登山的旅人，一心想要到達那座名爲「成功」的山頂。那距離可能很近，也可能很遠。與其遙望山頂，心神不寧，不如好好享受爬山的過程，爲自己前進的每一步路歡呼喝采。

即便不知道山頂遠在何方，但是只要堅持走下去，就一定會到達。

不要怕成功不降臨，只怕今天的自己沒有比昨天的自己更進步，那會在不知不覺中，延遲了成功的時間表。

過度執著理想，不如選對方向

不是永不放棄就能成為贏家，不要只著眼於自己「想做」什麼，更要去思考自己究竟「能做」什麼。

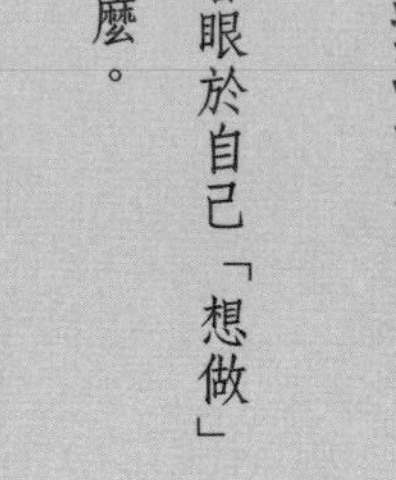

在選擇道路之前，我們一定要先知道自己的價值在哪裡。沒有人可以告訴你究竟適合哪一個行業，也沒有人能夠保證你的未來。

別人認定你做不到的事情，你可能可以做得很好；別人一致肯定你的才華，你也未必能夠發揮出最高水準。最重要的，其實是你怎麼看待自己。

你知道自己的優點和缺點嗎？

你了解怎麼改進缺點，也了解怎麼發揮優點嗎？

日本著名影星高倉健年輕時，生活過得很清貧。

為了餬口，他時常扮演一些跑龍套的角色，但演技平平，有時甚至笨手笨腳，所以始終難以嶄露頭角。

一次，高倉健拍電影的時候，遇到一位同樣擔任三線演員的女孩。她因為工作超時，勞累過度，突然全身冒冷汗，昏倒在地上。

高倉健立刻召來救護車把她送往醫院，醫生診斷說，這位小姐患有嚴重的貧血，必須住院治療一段時間。

高倉健見狀，心裡漾滿了惆悵之情，因為他的生活狀況其實不比對方好多少，不知道自己會不會也有倒下來的那一天。

然而，第二天，那位昏倒的女孩又步履蹣跚地準時出現在片場。

看到她的到來，大家都說她「不要命了」，勸她回去休息。

但是，那女孩只是虛弱地笑了笑，有氣無力卻很堅定地說：「不，我不能放棄！也許這部作品能使我成為明星。」

儘管她的臉蒼白得嚇人，高倉健卻看見當中散發出來的光芒，那是為了夢想而燃燒的記號。

女孩的話震撼了高倉健的心靈，使他胸中燃起一般追求成功的熾烈火焰，他決心要不計一切地開發自己的潛能，努力塑造出嶄新的形象，成為一名真正優秀的演員。他堅信，只要永不放棄，遲早會成為日本家喻戶曉的明星。

一九五七年，高倉健遇到兩位藝術上的老師和伯樂，一位是電影〈非常線〉的導演牧野雅裕，另外一位是電影〈森林和湖的祭奠〉的導演內田吐夢。這兩位造詣極深的知名導演，在當時表現平庸的高倉健身上，看出了他堅毅的個性，以及對成功的強烈慾望。

牧野雅裕曾經這樣形容：「我從來沒有見過有誰像高倉健這樣追求卓越，有如此強烈的成功慾望和藝術潛能。」

經過兩位導演的指導，高倉健真正學到了成為傑出演員的表演技巧。

一九六四年，高倉健演出大師黑澤明的作品〈加哥萬和鐵〉。為了演好劇中角色，他冒著零下二十度的嚴寒，只穿一條短褲，跳進北海道冰冷刺骨的海水中，成功塑造了個性鮮明、充滿激情的男子漢形象，也令他一躍成名，征服了日本影壇，並且受到全球影迷的喜愛。

高倉健的奮鬥過程固然值得我們敬佩，但另一個我們不能不面對的殘酷事實是，不是只要永不放棄，就必然能夠成爲贏家。

畢竟，那個昏倒了也要繼續拍戲的女孩，到頭來還是沒有當上大明星。

努力很重要，堅持很重要，但是，認識自己也很重要。

不是每個人都可以當明星，把那些當不成明星的人放到其他的位置上去，或許會有更出色的表現。

與其選擇走一條自己想走的路，不如選擇一條適合自己的道路。不要只著眼於「想做」什麼，更要去思考究竟「能做」什麼。

突破逆境之前，請先找出正確方向。

多一點熱情就多一分動力

全力投入一件事情之前，應該要先讓自己喜歡它、愛上它、迷戀它。然後，必然能夠為它付出百分之兩百的努力。

從某方面來看，人生如果要有成就，就一定要先有熱情，無論是對工作的熱情，還是對成功本身的熱情。

熱情是我們堅持下去的動力。成功的人，就是在別人無法堅持的時候，還能夠堅持下去的那一個。

一八〇一年元旦的晚上，義大利天文學家皮亞齊發現了「穀神星」。

他繼續觀察這顆新星，追蹤幾天後，確定這是一顆小行星。

當時的天文學界存在一個難題：如何根據少量的觀察結果，推算出這顆行星運行的軌道？

穀神星的發現引起天文學界一陣熱潮，所有知名與不知名的天文學家無千方百計地計算運轉軌道，想要找出失蹤的穀神星，但都沒有成功。

只有數學天才高斯根據皮亞齊所提供的、僅僅九度這麼一段小弧的觀察數據，推算出穀神星在三十六度上的運行軌道，同時創立了「由三次觀測決定小行星運動軌道」的計算方法。

一八〇二年，人們利用高斯的計算結果，重新在天空中找到了穀神星。

為什麼高斯能夠做到眾人都做不到的事情呢？難道是因為他比較聰明，或者老天爺對他比較好嗎？

無可否認的是，高斯有著比一般人更高超的數學天分。

一七六九年，著名天文學家歐拉曾經為了計算一顆彗星的軌道，足足進行了三天馬不停蹄的工作，導致後來一眼失明。

同樣的計算，高斯卻只用了一個小時。高斯幽默地說：「如果我在三天內連續進行歐拉那樣的計算，顯然地，我也會雙目失明。」

然而，高斯所做的研究並不總是這麼順利。

在推算一顆叫「智神星」的星體運轉軌道時，他必須計算出約三十三萬七千個數據。他一天計算三千三百個數據，總共花了一百多天的時間才完成。

想想看，每天待在研究室裡不停地計算，一連三個多月沒有休息，這是什麼樣的人生啊？又是什麼樣的人才幹得出來這種事呢？

的確，能夠如此熱衷地投入一件事，多少都有一點偏執的成分在內。對此，高斯說：「我對數學上複雜的運算總是愛不釋手，只要我認為有意義，值得向人們推薦，我都願意竭盡全力去完成，哪怕是鑽牛角尖。」

除非是同道中人，否則一般人很難理解高斯對數學的「迷戀」。

然而，可以理解的是，當你迷戀一件事情的時候，付出再多也不覺得累，就算白費力氣，也可以樂在其中，因爲過程比結果更精采。

同樣的，在我們全力投入一件事情之前，應該要先讓自己喜歡它、愛上它、迷戀它。然後，我們必然能夠爲它付出百分之兩百的努力，而且樂此不疲、無怨無悔。

也許，你會覺得疑惑，你所做的工作根本一點都不有趣，要怎麼做才能夠愛上它呢？首先，要先問問自己，你爲什麼要從事一個你覺得一點都不有趣的工作？是壓力抹煞了你對它的興趣，還是你爲了生活，所以逼不得已選擇這份你一點也不喜歡的工作？

如果你一點都不熱愛你的工作，那麼你總該熱愛從工作得來的薪水、戶頭每個月的進帳、現在安穩的生活吧！知道嗎？很多有錢人都是因爲對錢的迷戀，所以才成爲有錢人。他們才不管自己做的工作有多無聊、多繁重，那份對錢的狂熱，足以支撐他們不停地做。

成就，是努力的報酬

想要成為第一流的人才，就必須先付出第一流的努力。人生其實是很公平的，你栽什麼樣的種子，就結什麼樣的果。

歌德是德國的偉大詩人、劇作家、思想家，一生遺留下的作品，總共有一百四十三冊。

根據十六世紀民間傳說寫成的詩劇《浮士德》是他著名的代表作之一，他用了六十年的時間才完成這部巨著。

當作品完成時，他的秘書，同時也是文藝理論家溫克爾曼曾經問過歌德：「您能不能用一兩句話來概括這整部詩劇的主旨？」

歌德回答：「凡自強不息者，終能得救。」

這是作品中的主角浮士德的靈魂升天時，天使所說的話，多少也反映了歌德的信念與處世態度。

不像一般人心目中的文人才子，歌德過著一點也不悠閒的生活。

他非常珍惜時間，幾乎到了分秒必爭的程度。

一次，他的兒子摘引了別人的一句話說：「人生總共有兩分半的時間：一分鐘微笑，一分鐘嘆息，然後半分鐘去愛。為什麼去愛的時間只有半分鐘呢？因為人們在愛的這分鐘中間，就已經死去了。」

歌德聽了，很嚴肅地寫下一段話給兒子：「人生怎麼可能只有兩分半的時間呢？一個鐘頭等於六十分鐘，一天就超過了一千分鐘。明白這個道理後，就可知道一個人能對世界做出多少貢獻！」

歌德就是以這種精神，把握每一分鐘的時間，寫出對世界有貢獻的作品。到了他八十四歲那年，直到臨終前的那一刻，都還伏在桌上寫作。

歌德曾寫給兒子一段話：「我勸你堅持不懈，牢牢地抓住現實生活。每一種情況，乃至每一片刻，都有無限的價值，都是整個永恆世界的代表。」

他也曾經描述自己說：「我這一生基本上只是辛苦地工作。我活到現在已七十五歲，沒有哪一個月過得是真正舒服的生活。我就好像推一塊石頭上山，到了山上，石頭卻滾了下來，只好再次把石頭推上去。我想做的事情太多了，永遠也做不完，逼得我不得不把握每一分鐘，積極地奮鬥。」

想要成爲第一流的人才，就必須先付出第一流的努力。很多想要成功的人，認爲成功之後可以擁有悠閒的生活。抱著這樣心態的人，鮮少如願。

因爲，大多數的成功人士，都是把工作當成人生的終極目標，他們要的只是單純的成功，不是隨著成功而來的好處。

他們樂在工作，享受工作，把全部的心思意念專注在工作上，因此他們總是能比其他人表現得更好。

成功之後，伴隨而來的是更多的責任，更高的自我期許。爲了維持現有的成就，成功者往往活得比從前更加忙碌、更加匆促。

看在許多人眼裡，這樣的成功一點意義都沒有，那或許是因爲，你我都不是成爲偉人的材料。

那麼，又何必去追求成功，去羨慕那些有著偉大成就的人呢？

你未必可以像歌德那般名利雙收，但是你一定可以活得比他更悠閒。

你未必可以像郭台銘那麼有錢，但是你一定可以活得比他更自在。

人生其實是很公平的，你栽什麼樣的種子，就結什麼樣的果。

你把時間花在工作上，自然就能得到工作上的成就和收穫。你把時間花在玩樂上，自然就能得到玩樂時的輕鬆和愉快。

最怕你既想工作又想玩樂，結果既沒有好好工作，也沒有好好玩樂，虛度光陰的結果，是什麼也沒有，但不知不覺中，你卻已經老去。

多方涉獵，為自己創造機會

去學，就對了！沒有一個人好到不需要再多學一樣東西，也沒有一個人笨到沒有辦法再多學一樣東西。

不管現在的你身處於多麼卑下的地位，擔任多麼不起眼的角色，都可以是你「人生階梯的第一步」。

有些一事無成的人說「我什麼都不會」，那是因爲他們什麼都不學。

有些不滿現狀的人說「我沒有時間」，那是因爲他們不會利用時間，也不懂得自己找時間。

有些窮困潦倒的人抱怨說「我沒有機會」，那是因爲機會從來只留給那些已

經準備好的人；毫無準備就站上打擊區，只會被三振出局。

美國鋼鐵大王卡內基在從事人生當中的第一份工作時，只有十歲。他在一家紡織廠當童工，一個禮拜的薪水僅有一美元二角。

後來，他換了一個薪酬比較好的工作，在工廠裡燒鍋爐以及在油池裡浸紗管。油池裡的氣味令人作嘔，灼熱的鍋爐燒得他汗水直流，但小小年紀的卡內基還是咬著牙堅持下去。

因為他知道，家裡需要這份收入。

當然，他並不想要如此潦倒一生。為了讓自己有朝一日脫離困苦的生活，卡內基把握每一個學習的機會，在白天的勞累之後，晚上還去參加夜校的課程，學習會計記帳法，每個禮拜上課三天。

這段時期學得的會計知識，幫助他維持日後建立的巨大鋼鐵王國的財務架構穩健，這是當時的他始料未及的。

一天晚上，卡內基上完課回家，接到姨父傳來的消息，說匹茲堡市的大衛電報公司需要一個送電報的信差。

卡內基知道這是一個大好機會，第二天一大早，立刻穿上新衣服和新皮鞋，與父親一起來到電報公司門口。

他對父親說：「我想一個人單獨進去面試，爸爸你就在外面等吧！」因為，他不想要讓面試官認為，他還是一個需要爸爸照顧的小孩。

起初，面試官對這個矮個頭、高鼻樑的蘇格蘭少年充滿了質疑，問卡內基說：「匹茲堡市區的街道，你熟悉嗎？」

卡內基語氣堅定地回答：「現在不熟，但是我保證在一個星期內，我會熟悉匹茲堡全部的街道。」

停頓了一下，卡內基又補充說：「雖然我個子小，但是我跑得比別人快，這一點請您放心。」

面試官滿意地笑了笑，決定聘用卡內基。

就這樣，卡內基得到這個周薪二點五美元的工作，當時他年僅十四歲。

在短短一星期內，卡內基實現了面試時許下的諾言，熟悉了匹茲堡的大街小巷。兩個星期以後，連郊區路徑也瞭若指掌。

卡內基勤快的工作態度獲得公司上下的一致好評。一年後，他已升為管理信差的負責人。但是，卡內基不甘於此，每天都提早一小時到公司，悄悄地跑到電報房學習打電報。

在日復一日地堅持之下，他很快就熟練了收發電報的技術。沒過多久，他獲得一個升職的機會，成為電報公司裡首屈一指的優秀電報員。

透過一來一往收發電報的工作，卡內基像是進了一所「商業學校」一樣，熟悉每一家公司的名稱和特點，並且了解各公司之間的經濟關係及業務往來，這也為他日後的事業奠定了良好的基礎。

雖然這是卡內基人生中最沉寂的一段時間，但是卡內基卻將它視爲「人生階梯的第一步」。

卡內基的成功之道，在於他把握住了每一個學習的機會。

他從來不會去想：「學這個東西，可能短時間內用不到，所以不要浪費時間去學。」也不會想：「這件事情超出了我的職務範圍之外，我只要把我份內的事情做好就好了，花那些多餘的力氣做什麼？」

相反的，他總是很努力地去多學一點、多做一點，不斷地充實自己，所以才能從一個紡織廠的童工變成獨當一面的大企業家。

記住，沒有一個人好到不需要再多學一樣東西，也沒有一個人笨到沒有辦法再多學一樣東西。

去學，就對了！努力可以幫助你跨出人生階梯的第一步，學習則可以幫助你建造好腳下那座巨大堅固的階梯。

而後，你才可以揮出致勝一擊，讓你的人生從此逆轉。

不斷自我超越，人生更有趣味

眼界決定你的世界，只有當你不停挑戰自己，一次又一次跳脫框架，你才能活得一天比一天更年輕。

畢卡索是少數長壽的藝術家，去世的時候是九十一歲。在如此高齡時，每當拿起顏料和畫筆，畢卡索臉上洋溢的興奮神情，都還是好像第一次作畫一樣。

年輕人喜歡探險，老年人喜歡安定，這是一般性的常態規律。

特別是成功的老年人，他們知道自己什麼最拿手，寧願把過去的成功之道如法炮製，也不願意承擔可能會失敗的風險。

但是，畢卡索一直到了九十歲，仍然像年輕人一樣生活著，不停尋找新的思路，用新的表現手法來展現自己的藝術才能。

大多數畫家創造出一種適合自己的繪畫風格以後就很難再改變了，特別是當他們的作品受到人們欣賞時，更是如此。

儘管他們的繪畫風格會隨著不同的人生階段而有所變化，可是變化的幅度往往不會很大。

畢卡索卻不然，就像一位終生都沒有找到屬於自己特殊藝術風格的畫家，千方百計地運用不同的手法來表達他那顆不平靜的心靈。

畢卡索作畫，不僅僅用眼睛，而且用思想。所以人們在欣賞這些畫的時候，也不光只是看，還會去思考。

畢卡索一生中創作了成千上萬幅不同風格的畫作，他努力想要達到一種境界——讓畫不單單只是一種視覺享受，同時也是對這個世界的感受。

他始終抱著對世界的好奇心，就像年輕的時候一樣。

人必須不斷推翻過去，才能創造出一個更新更好的自己。

畢卡索從來不會去想：「我會什麼？我擅長什麼？」他總是不斷思索：「還有什麼是我不會的？還有什麼是我畫不好的？」

這對一個已經成功的人來說，是多麼多餘！但是這對一個已經成功的人來說，又是多麼重要！

想要過得好，其實只需要成功一次就可以了。但是，如果要過得有趣，就必須要不斷超越，不斷成功。

眼界決定你的世界，永遠不要停留在你現有的位置上，那只會讓你活了十年卻像只活了一天。只有當你不停挑戰自己，一次又一次跳脫框架，你才能活得一天比一天更年輕。

動點腦筋更能發揮實力

決心要做一件事之前，應該要先動腦筋，去想好事情的每一個步驟、每一種角度，然後再竭盡全力。

只要竭盡全力，就可以辦得到自己本來辦不到的事嗎？

想要成功，光是勤奮、努力、賣命去做，就一定會成功嗎？

很難！《湖濱散記》的作者亨利．梭羅就曾經說過：「光勤勞是不夠的，螞蟻也很勤勞。」

戴爾．泰勒是美國西雅圖一所教堂裡的牧師。

一天，他向教會學校的一個班級宣布：誰能背出《馬太福音》中第五到七章的全部內容，就可以去西雅圖的「太空針」高塔餐廳吃一頓大餐。

那是許多孩子做夢都想去的地方。

只是，《聖經．馬太福音》第五到七章有幾萬字的篇幅，而且沒有押韻，要背誦全文，是個相當大的挑戰。

然而，這個班上卻有一個十一歲的學生，有一天胸有成竹地來到泰勒牧師面前，從頭到尾，一字不漏地把原文背誦下來，不僅沒有出半點差錯，而且流暢無比。泰勒牧師驚訝地張大了嘴巴，要知道，即使是虔誠的信徒，也少有人能夠一字不差地背誦經文，更何況這只是一個孩子。

泰勒牧師不禁好奇地問：「你是怎麼背下這麼長的文字的呢？」

這個孩子不假思索地回答：「我竭盡全力。」

十六年後，這個孩子成為一家全球知名電腦軟體公司的老闆，他的名字叫作比爾．蓋茲。

很多成功的人都會把成功歸於一分天才，加上九十九的努力。然而，所謂的「努力」，既講究方法，也講究訣竅。

光拿背書這件事來說，究竟比爾．蓋茲當年背書的時候，是一小段一小段地背，還是一句一句地背呢？在特別容易忘記的地方，他又是用了什麼樣的方法加深印象呢？

努力只能讓你活得像隻勤勞的螞蟻，但去思索努力的方法，卻可以讓你變成下一個比爾．蓋茲。

決心要做一件事之前，應該要先動腦筋，去想好事情的每一個步驟、每一種角度，以及每一個該注意的地方。

先絞盡腦汁，然後再竭盡全力，就沒有不能突破的困境。

02

小人就是最好的貴人

生命中的每個小人，
其實都是我們的貴人。
他們看似在折磨我們，
其實卻是在造就我們。

堅定付出，完成不可能的任務

雖然有些事情看起來簡直就是不可能的任務，但也正因為如此，你才有可能得到原本不可能的成功。

美國成功學奠基者奧里森．馬登曾說：「人生最重要的不是我們所處的位置，而是我們要去的方向。」

有些人把自己的失敗歸因於「出身不好」、「沒有一個有錢的老爸」、「考運不佳」、「天意弄人」……那是因爲他們只看見自己所處的位置以及想要到達的位置，卻沒有認眞去思考究竟該往哪個方向走。

美國副總統亨利．威爾遜出生在一個貧苦的家庭，當他還在搖籃裡牙牙學語的時候，貧窮就已經在未來人生路途上鋪滿了陰影。

威爾遜十歲的時候就離開家，在外面當了十一年學徒，每年只能接受一個月的學校教育。

經過長達十一年的艱辛工作之後，他得到一頭牛和六頭綿羊作為報酬，威爾遜把牠們換成八十四美元。

他知道賺錢不容易，所以從不浪費。他不曾花過一塊錢在娛樂上頭，所花的每一毛錢，都是經過精心算計的。

雖然沒有辦法接受完整的學校教育，但是威爾遜在二十一歲之前，已經讀了一千本好書。

對一個農場裡的孩子，這是多麼艱鉅的任務啊！

他要在辛苦勞動的工作空檔自己找時間讀書，還要對抗其他那些喜歡玩樂的孩子的同儕壓力。

二十一歲生日以後，威爾遜離開農場，到一百英哩之外的麻薩諸塞州學習手藝。每天天還沒亮,他就帶著一隊人馬進入人跡罕至的大森林,在那裡採伐圓木,一直勤奮工作到星星出來為止。

這樣夜以繼日的努力工作,使他一個月獲得六美元的報酬。

正因為生活如此艱苦,所以威爾遜下定決心,他要抓住每一個提升自我的機會,扭轉貧窮的人生。

很少人像他一樣,深刻地理解閒暇時光的價值,毫不懈怠地利用每一點空餘時間閱讀、學習。

十二年之後,他在政界脫穎而出,進入了國會,開始了政治生涯。

每個人都想要過著體面富足的人生,但是除了走狗屎運中樂透之外,你還有沒有想到其他方法?

每個人都希望在競爭中獲勝成爲贏家,但是除了靠燒香拜拜之外,你有沒有任何實際的作爲?

最近一項研究指出,上班族怎麼利用下班後晚上七點到十一點這段時間,就決定了他五年以後的成就。

每天讀一小時的書，一年下來，至少可以多讀二十本以上的書；每天背三個英文單字，一年下來，你就多學會了一千零九十五個單字。

你想要站上什麼樣的位置，就必須具備那個位置應有的條件。所謂的條件，絕不光只是「聰明伶俐」、「才華洋溢」、「有禮貌」而已，更得具備專業的知識和技能——那就是你要去的方向。

人生的逆境經常存在，不要因爲任何藉口而阻撓了你的前進方向，雖然有些事情看起來簡直就是不可能的任務，但也正因爲如此，才有可能得到原本不可能的成功。

小人就是最好的貴人

生命中的每個小人，其實都是我們的貴人。他們看似在折磨我們，其實卻是在造就我們。

暢銷作家鍾宇在《心理大師》中曾寫過一段值得我們深思的話語：「其實，每一個低谷與打擊，都並沒有真正左右我們的生活與世界。讓我們崩潰的，不過是自己對於這一切的看法與如何面對的方式而已。」

不要讓一時的不如意變成自己的心靈魔咒，當日子不如己意的時候，你應該做的是調整自己的心境，而不是生氣、沮喪，任由負面情緒主宰自己。

拜倫是十九世紀歐洲浪漫主義文學的代表作家，如同一般人對文藝青年的印象，拜倫也曾經是個弱不禁風、體質纖瘦的少年。

小學時候的他，因為跛足的關係，很少參加體育運動。

一名叫作印司的同學見狀，便想要找機會捉弄他，找來一個竹籃子，強迫拜倫把一隻腳放進裡面，「穿」著這個籃子繞操場走一圈。

拜倫漲紅著一張臉，氣得想要出手揍人，可是他知道自己根本不是對方的對手，只好忍受屈辱，一拐一拐地穿著籃子繞操場走起來。在場的同學見了，一個個指著他笑得前俯後仰，拜倫只能一個人默默地流下痛苦的淚水。

他立志不讓自己的淚水白流，心想：今天會受到印司的當眾侮辱，就是因為我身體孱弱。好！從明天開始，我也要練習打球、拳擊。

從那個時候開始，拜倫便忍著腳痛，刻苦參加各種鍛鍊身體的運動。一年半以後，他的體力明顯增強了。在學校舉辦的拳擊賽中，跛足的拜倫靠著頑強的意志，一拳把印司擊倒在地，讓所有曾經小看的人都對他刮目相看。

小學畢業以後，拜倫進入了著名的哈羅中學讀書，學校的制度非常嚴苛，學生們一個個被整治得像木偶似的，高年級生欺負低年級生的事件層出不窮，令拜倫感到強烈的壓力。為了抒發自己的心情，十四歲的拜倫開始投入詩詞的世界，這是他生活中全部的快樂泉源。

十七歲那年，拜倫進入著名的劍橋大學讀書，這裡的環境同樣令他感到不自在。同學們的課後活動就是喝酒賭錢，不喝不賭的人則被視為沒出息。

拜倫感到自己與別人格格不入，因此幾乎不跟任何人來往。他不喝不賭，喜歡騎馬、擊劍、游泳，或者是關在屋子裡，埋頭讀書，醉心寫作。

孤獨有時是一種最好的養分，十九歲的時候，拜倫發表了第一本詩集《懶散的時刻》。這部作品出版後，著名的評論家亨利布萊漢姆在《愛丁堡評論》一書中發表了強烈的攻擊性評語。

年輕氣盛的拜倫沒有辦法坦然接受刺激，出於報復心理，他在二十一歲那年又發表《英國吟游詩人和蘇格蘭評論家》，試圖為自己平反。

到了一八〇九年六月，拜倫離開劍橋，前往歐洲大陸旅行。

途中，拜倫寫下長詩《哈羅爾德遊記》第一、二章，出版以後，立刻轟動了歐洲的詩壇，使得拜倫一舉成名。

拜倫堅持走自己的道路，不任意隨波逐流。他的成功，應該歸功於每一個批評過他、嘲笑過他的人。

如果不是印司的羞辱與捉弄，拜倫不會下定決心鍛鍊好自己的身體；如果不是和同學相處不睦，拜倫不會躲在自己的世界裡埋首寫作；如果沒有受到評論家亨利布萊漢姆的攻擊，拜倫或許不會充滿鬥志地繼續寫下去。

生命中的每個小人，其實都是我們的貴人。他們看似在折磨我們，其實卻是在造就我們，幫助我們投出致勝的一球，揮出致勝的一擊。

他們的惡劣行徑，造就了我們堅強的忍耐力；他們的卑鄙心態，讓我們更深入了解人性；他們的惡毒言語，刺激我們做出更好的表現；他們的「白目」行爲，更足夠讓我們引以爲鑑。

如果你現在正深受小人的折磨，千萬告訴自己：他是來造就我的。

小人很難轉性變成好人，你卻可以因爲他而變得更好。

發揚優點就能更加耀眼

一直定睛於自己不滿意的部份，你的缺點依然存在，你的優點卻毫無發展，人生當然只會越過越慘。

詩人彌爾頓曾說：「心靈有它自己的地盤，在那裡可以把地獄變成天堂，也可以把天堂變成地獄。」

人生在世，超過一半以上的困擾和苦惱，其實都源自於我們用負面的心境看待人生，才會讓自己陷入自尋煩惱，自作自受的心靈禁錮之中。

一味用悲觀、負面的心境面對置身的環境，再如何美好、幸福的事情，也會變得醜陋不堪。這個世界沒你想的那麼黑暗，順境逆境都是人生，只要懂得適時調整心境，就能改變自己的處境。

美國第二十六任總統羅斯福小時候，有著一副極「抱歉」的長相。他的一排牙齒暴露在外、參差不齊，這已經夠糟了，那副因自卑而畏首畏尾的神態，更是任誰見了都會覺得好笑。

每當羅斯福在課堂上被老師叫起來背書，就是全班同學看好戲的時刻。他不僅會兩腿發抖，嘴唇牙齒顫動得像要脫落下來，還緊張得不停喘氣，像是快要斷氣的樣子，背出來的句子含糊不清，幾乎沒有人聽得懂。

背完之後，羅斯福總是像打了一場硬仗一樣，全身筋疲力盡，好似洩了氣的氣球般頹然坐下。

像這樣的男孩，平時自然表現得十分內向、神經過敏、文靜怕動、不喜交際，經常一個人靜靜地望著窗外。

但是羅斯福堅持不讓自己的缺陷成為一種宿命，經過長時間的練習，終於將那因為緊張而發出來的氣喘轉化成一種沙啞的聲音，並咬緊牙關，用十二萬分的力氣制止唇齒的顫動。

看見別的孩子在操場上嬉笑、跳躍、東奔西跑、做著種種激烈的運動，羅斯福也踴躍參加，從不退讓。

不管別人怎麼看他、怎麼笑他，他都無所謂，他要求自己做到，絕不把自己看作一個懦弱無能的人。

也由於深知被人忽略、被人嘲笑的痛苦，所以和別人在一起時，他總是用著熱情和善的態度去對待其他同伴，盡力融入人群。

他從不浪費時間去可憐自己，而是努力學習待人處世。

在自我鞭策之下，上了大學的羅斯福，一改以前的懦弱，變成精力出眾、強健愉快的人。

他時常趁著假期到亞歷山大追逐牛群，到洛杉磯捕熊，到非洲捉獅子，誰也看不出來這個勇敢強壯的大男孩，曾經是個在學校裡受窘的小學生。

如果你身上有任何讓你覺得自卑的地方，那麼，你就應該要找出另外一個讓你自豪的優點。

如果你連一個自豪的優點都想不起來，請盡快去培養一個吧！

天底下沒有一個人是十全十美的，也沒有一個人是一無是處的。

若是你不滿意自己的外表，那麼你應該要盡力去增強內涵；如果你認爲自己的腦袋不夠聰明，那麼你可以努力去鍛鍊體魄。

一個人只要具備一項出色的優點，就足以掩蓋所有的缺點。

最怕的是你一直定睛於自己不滿意的部份，將絕大多數的時間花在自憐自怨上，沒有做出任何積極的行動，結果你的缺點依然存在，你的優點卻毫無發展，人生當然只會越過越慘。

不要把時間浪費於那些不能改變的事情，而要著眼於可以改變的。

不能改變的事情，想再多也沒有用，不如盡全力去改變那些可以改變的事情，讓付出得到相對的收穫，也讓人生有更多微笑的理由。

超越自我設限，一切都能實現

環境的限制非常有限，很多時候，是我們自己限制了自己。打破心理的這條疆界，你就會發現：萬事都可能！

很多時候，成功的關鍵就在於一個「敢」字。別人不敢做的，你敢做，那麼你就比別人多了一分成功的機會。

學語言是這樣子，演講也是這樣子，別人不敢講，你敢開口講，你自然就比別人進步得更快。

找工作是這樣子，找客戶也是這樣子，別人不敢毛遂自薦，你卻一點兒也不怕受到拒絕，當然會擁有比別人更大的收穫。

林紓是清末民初著名的文學家、翻譯家，「林譯小說」曾大大影響了當時中國的文學界，他因此被稱為翻譯文學的權威與大師。

但令人不可思議的是，林紓竟然連一句外語都不懂。

他的父親很早就過世了，靠母親一個人辛苦地維持家計，雖然生活清貧，林紓卻下了很多功夫讀書。到了他二十歲的時候，讀過的書已達數千卷之多，奠定了深厚的文學底子。

中了舉人後，他便放棄科舉之學，專心致力於古文研究。

他有一位叫作王壽昌的朋友，曾經留學法國。兩人在一塊聊天時，王壽昌向林紓介紹了小仲馬的《茶花女》的故事情節，林紓聽後大為感動，萌發了翻譯外國小說的念頭，想要把好的小說介紹給國人。

正好王壽昌懂外文，林紓又有一手好文采，兩人便展開《茶花女》的翻譯計劃，由王壽昌口述，林紓書寫。

每當翻譯至男女苦戀悲痛之處，兩個大男人甚至抱頭痛哭，翻譯出來的文字果然字字珠璣、文情並茂。

如此撼動人心的作品，上市以後自然大受歡迎，一舉轟動中國文壇，也使林紓聲名大噪。

林紓和王壽昌接著展開始長期的合作，先後譯出《黑奴籲天錄》、《滑鐵盧戰血餘腥錄》、《撒克遜劫後英雄略》、《迎茵小傳》等膾炙人口的小說。之後，林紓又先後和幾位懂外文的留學生合作，翻譯了歐、美各國的小說，為外國文學傳入中國做出了傑出貢獻。

根據統計，林紓一生共翻譯了英國、法國、美國、俄國、瑞士，還有西班牙、挪威、希臘、日本等各國小說，共計兩百七十九冊，他的高產量以及努力不懈的工作精神，實在值得學習。

誰說不會外語就不能當翻譯家？在大多數人眼中，這是一條不可推翻的界線，但是，對林紓來說，一切根本不是問題！

當時社會人才濟濟，難道沒有人的文學根基比林紓更好？難道沒有人比林紓更會說故事？當然有，但是他們卻都沒有林紓那樣的勇氣，敢去挑戰自己從來沒有做過的事情。

事實上，環境對我們的限制非常有限，很多時候，是我們自己限制了自己的發展。許多自認爲「不會、不能、不敢」做的事情，其實都是我們對自己的錯誤認知導致的自我設限。

打破心理的這條疆界，你就會發現：萬事都可能！只要你願意突破，不再永遠不對自己說「不可能」。

捨不得犧牲就無法取勝

大多數人都想要成功，卻又不肯為成功付出必要的犧牲，到頭來美夢破碎，才又埋怨上蒼不公。

人生最重要的，就是了解自己，知道自己眞正想要的是什麼。

想要成功，就要抱著「非成功不可」的心情，全力以赴地去衝。否則，大可放下那些不切實際的慾望，輕鬆自在地過生活。

不要羨慕別人的成功，也不要感嘆自己的平庸，因爲，一切都是你自己的選擇。你眞正想要的，沒有理由得不到。

法國文豪巴爾札克小時候很愛好文學，父親卻硬要他學習法律，父子倆經常為了這件事發生衝突。

有一天，父親再也按捺不住脾氣，質問巴爾札克說：「我要你學法律，你為什麼要學文學？」

「爸爸，您知道我對法律毫無興趣……」巴爾札克試圖平心靜氣地和父親討論這個問題。

但是，父親早已氣得青筋暴露，「毫無興趣！那你有興趣的是什麼？文學那東西能當飯吃嗎？更何況，我看你根本不是作家的料！」

「那可不一定！」巴爾札克非常自信地說：「一個人的成功，不在於天份，而取決於他的信心和努力。」

「信心和努力？那好，從今天起，給你兩年的期限，如果你沒有成功，你就得去學法律，你敢答應嗎？」

「敢！」巴爾札克斬釘截鐵地回答。

從那天起，巴爾札克整天關在房子裡，埋頭寫作。

他花了半年的時間寫了一齣歷史劇，但由於自己的閱歷有限，對劇本的特點了解不夠深入，所以沒有成功。

巴爾札克並沒有喪失信心，深入檢討之後，感到自己在知識和經驗上面的涉獵還很淺薄。

於是，他拼命閱讀世界文學名著，廣泛地接觸社會和了解人生。

他天天出入於圖書館和書店，總是來得最早，離開得最晚。

有一次，他在圖書館裡翻閱資料，看得太投入，竟忘記了時間。圖書館的人員下班了，沒有發現圖書館裡還有人。到了第二天早上，圖書館的人員來上班了，發現巴爾札克依然還在看書。

巴爾札克曾說：「我從來沒有一口氣只工作二到三小時的。」他的生活，就是一篇連續不斷工作的故事。

他規定自己每天要寫作十二小時以上，為了不受到別人打擾，工作時間從晚上一點開始。

巴爾札克工作起來就沒有盡頭，在那個沒有電腦的年代，他總寫到手指痙攣才起來稍事休息，然後又繼續寫下去。他說：「我已經把生命投入這個漩渦裡，就像煉金術士投入夢想中的金子。」

工作五、六個小時以後，巴爾札克就和一般幹粗活的勞工一樣疲憊。然而，還不能結束，他借助於又濃又黑的咖啡，把身體機器重新發動起來。

他曾經這樣描述自己辛勤、緊張的生活：「下午六點鐘睡覺，半夜起床，然後一連十六小時埋頭寫作。中間只有一小時的空檔，就是五點到六點的吃飯時間。我發誓要取得自由，不欠一頁稿債，不欠一文小錢，哪怕把我累死，我也要一鼓作氣衝到底。」

現在，你還嚮往作家自由自在的生活嗎？

沒有一個人可以每天悠閒地工作兩三個小時，卻領取豐厚的報酬。「台上一分鐘，台下十年功」，這是一句不變的眞理。

想要在舞台上揚眉吐氣，就必須要有巴爾札克這種「哪怕把我累死，我也要一鼓作氣衝到底」的精神。眞心想要成功，眞心想要爲成功付出一切代價，你就一定會成功。

然而，大多數人都是想要成功，卻又不肯爲成功付出必要的犧牲，到頭來美夢破碎，才又埋怨上蒼不公。

老天爺若是收到這種投訴，一定也會覺得很冤枉吧！

如果根本不想做，或是做不到像巴爾札克那樣每天工作十六個小時，爲了事業犧牲一切娛樂，就應該降低自己對成功的渴望與希冀。

即使沒有像別人那樣偉大的成就，但是有穩定的工作，工作時可以和同事聊八卦，休假時還可以和朋友去逛街看電影，不是已經很幸福了嗎？

厚植實力就無須仰賴運氣

與其去等待、去追求好運氣，不如下工夫厚植自己的實力。時候一到，你才能做出正確的決定。

華爾街是當代世界金融中心，它的成功與摩根家族息息相關。摩根家族創造的「摩根化經營管理體制」，至今仍繼續影響著華爾街。

那，摩根家族的成功哲學，又是什麼呢？

早在年輕的時候，摩根就表現得十分與眾不同。

大學畢業後，摩根來到「鄧肯商行」任職，憑著他對商界的敏銳嗅覺，很快就做出了非常好的成績。

唯一令人難以接受的，是他過人的膽量與冒險精神。一次，摩根從巴黎到紐約出差的途中，一個陌生人敲了他的房門，對他說：「聽說您是專門經營商品批發的，是嗎？」

「是啊！請問您有什麼事？」摩根可以感覺到對方焦慮的心情，立刻把話題切入重點。

對方懇切地說：「先生，我有件事想要拜託您，我有一船的咖啡需要立刻處理掉。這些咖啡原本是一個咖啡商的，但是現在他破產了，沒有辦法支付運費，便把這船咖啡交給我作抵押，我必須盡快將這船咖啡賣出變現，否則我也會跟著破產的。」

摩根瞥了一眼樣品，便立刻決定：「我買下。」

一旁的同伴見狀，連忙提醒他說：「摩根先生，您太年輕了，不知道商場詭詐，有誰能保證這一船咖啡的品質都與樣品一樣呢？」

然而，摩根卻非常相信自己的眼力和判斷力，並且堅持自己的決定。

當公司總裁鄧肯聽到這個消息之時，不禁嚇出一身冷汗，隨即嚴厲地指責摩根：「你是拿公司的錢開玩笑嗎？去把這筆交易給我取消掉，損失的部分由你自己賠償！」

但是，摩根依舊相信自己的直覺，別人越是壓他，他越是要反彈。只見他像一頭被激怒的鬥牛，賭氣地說：「我認為我做的是一個正確的決定，不僅如此，我還要把其他的巴西咖啡一併買下！」

摩根決定賭一場，立即請求父親助他一臂之力，望子成龍的父親答應了他的請求。摩根買進了大量的咖啡之後，巴西遭到霜災，咖啡大幅度減產，價格也瞬間上漲了兩三倍。摩根藉此大賺了一筆，讓每個曾經嘲笑他、指責他的人都無話可說。

堅持對的事情，可以讓你獲得夢寐以求的成功。然而，堅持錯的事情，卻會變成一種無可救藥的固執。

摩根能夠在這麼短的時間內做對決定，是因爲長期以來累積了許多商界知識以及專業判斷。如果你不曾在商場上打滾過一、二十年，請千萬不要如此衝動地做下重大決定。

做生意不是賭博，更不能賭氣。如果抱著「姑且一試」的心態去做，那麼你必輸無疑。一定要先經過全盤的計劃，深入調查各種面向，排除每個可能導致失敗的因素之後，才能放手一搏。

很多人看了摩根的故事之後，都會感慨地說：「他的運氣眞好！」沒錯，成功的確需要一點運氣，偏偏我們從來不知道好運什麼時候會降臨，什麼時候會消失。

與其去等待、去追求好運氣，不如下工夫厚植自己的實力。時候一到，你才能在逆境中做出正確的決定。

用「逆勢操作法」解決問題

如果大家都能心平氣和地，以智慧解決問題，那麼衝突和爭執便能減少，社會也才能避免更多新問題的產生。

人生沒有解決不了的難題，只有「不想」解決的困境，只要你願意放下腦中的那些負面想法，願意面對現實，就能讓自己踏實地活在當下，活出真正屬於自己的亮麗人生。

不論在工作場所、社交場合，或者在一般的日常生活中，我們都免不了會與他人發生爭執。

遇到爭執的時候，不論誰對誰錯，如果只知道以強硬的態度面對，那麼爭執不但不容易化解，甚至可能還會樹立更多的敵人。

有一個剛剛退休的老人在鄉下買了一棟房子，打算在這裡安安靜靜地度過自己的晚年。

剛搬進來的第一個禮拜，老人每天都過著清靜的日子。但是這種安靜的生活才過了沒多久就被打亂了，不知道從哪裡冒出三個青少年，開始在這附近亂踢所有的垃圾桶。

他們對這個遊戲樂此不疲，可是製造出來的噪音卻使老人十分困擾，於是老人決定要跟青少年們好好地談一談。

「年輕人，」老人笑瞇瞇地對這些年輕人說：「我看你們好像玩得很開心的樣子，這樣好了，如果你們願意每天都過來踢垃圾桶的話，我就給你們每個人一塊錢。」

這三個年輕人很高興，可以玩還有錢可以拿，更使勁地踢所有的垃圾桶。

過了幾天，這個老人面帶愁容地去找這些年輕人，對他們說道：「因為通貨膨脹的關係，我的存款開始變少了。從現在起，我只能付給你們每個人五毛錢了。」

錢變少了雖然使年輕人不太開心，但他們還是接受了老人的錢，依舊每天固定來踢垃圾桶。

一個禮拜之後，老人再去找這些年輕人，滿臉歉意地對他們說：「實在很抱歉，我最近都沒有收到養老金的支票，所以現在開始，我每天只能給你們兩角五分錢了。」

「什麼！只有兩角五分錢？」一個年輕人聽完老人的話之後大叫：「你以為我們會為了這區區的兩角五分錢而浪費時間在這裡踢垃圾桶嗎？不可能的，我們不幹了！」

從此以後，這些年輕人再也沒有來製造噪音，老人又可以繼續過著自己嚮往的清靜日子了。

托爾斯泰曾經說過：「聰明人的特點有三，一是不勸別人照自己的意思去做，二是絕不做違背自然的事，三是容忍週遭人士的愚蠢。」

如果你能在困境中放鬆心情，不因爲不如意而任由情緒擺佈，那麼你必定能順利找到解決的方法。

故事中的老人如果選擇以強硬的方式來處理問題，就算問題可以解決，接下來的後果卻可能比原本的問題還要嚴重。

老人想到了這一點，所以選擇以「逆勢操作」的方式來處理，如此一來，不僅有效，還可以徹底地解決問題。

在現實生活中，我們也應該如此，遇到問題之時先放下自己的怒氣。如果大家都能心平氣和地以智慧解決問題，那麼衝突和爭執便能減少，社會也才能避免更多新問題的產生。

把握當下，才能創造未來

無論昨日成功或失敗，並無法預測你明天是成功還是失敗，
因為生活只有當下，人生也只有現在和未來。

回想昨日你所做錯的事，或是尚未完成的任務，對你來說，這個回想的動作會讓你充滿快樂，還是悔恨？

或許，你該記住這番話：「不要用哀悼的眼光檢視過去，而是要明智地放下，設法改變現在。學會放下，活在當下，才能擁有希望和未來。」

挪威船王阿特勒·耶伯生在三十一歲時，繼承了父親的船公司，從那天開始，

他也正式展開經商之路。

經過十幾年艱苦奮鬥，耶伯生的公司從原本只有七艘船的小公司，慢慢發展到擁有九十艘船的大型公司，此外，他還進軍世界各地的油田、工廠，甚至在其他各種不同產業中也有大量投資。

有人試探性地問他：「你現在到底有多少財產？」

耶伯生搖了搖頭說：「其實，我也不太清楚，我唯一比較清楚的是，投注的保險金額大約有五十七億克朗。」

其實，耶伯生是個頗具遠見的生意人，當初接下父親的所有事業時，便發現其中的油船產業似乎沒有什麼發展空間，所以接管一年之後，果斷地賣掉了油船，退出運油的行列。

耶伯生對合作夥伴說道：「想在航運業有一番作為，以目前的情況並不容易，因為這家公司沒有實力，操控權其實是掌握在石油大亨們的手中，我仔細評估後認為，如果把大部分的本錢全押在兩三艘大油船上，實在是件很冒險的事，對此，我沒有十足的把握。」

耶伯生一退出運油行業後，迅速將資金轉投資在散裝貨輪的運輸上，並與工業部門簽訂了長期的運輸合約。

一切如耶伯生預測，就在他將油船脫手後，石油運輸的投資家在七〇年代中期連遭噩運打擊，他卻穩如泰山，絲毫無損。

在握有長期合約的基礎上，耶伯生踏實經營，慢慢地增置了六千噸至六萬噸的散裝船，開始為大企業運輸鋼鐵產品和其他散裝原料，也積累了雄厚的資本與成就光芒。

耶伯生經常說：「想發展挪威的航運業，必須朝向世界，不該把眼光逗留在國內的航運中。」

提及自己的成功經驗，他說：「你必須堅決走出去，才能看見未來，而不是一直沉緬於過去，或自限於過去的保守或成就中，要用觀察力和判斷力看見明天，看見哪裡有可利用的資本，或需要運送的貨物，那麼你就往哪裡去，而這就是我成功的關鍵。」

從耶伯生的經驗來看，能果決地前進，自然而然能看見夢想的未來，一旦態度守舊，故步自封，再好的機會也無法掌握在手。

站立在生活的高處，你看見的是自己腳下的小草，還是放眼望去的寬闊花海？不要一直沉緬在過去的成功或失敗之中，生活也不要有太多的回望，因爲時間從不會倒轉。

用正確的心態面對生活中的過去、現在和當下，過去的已經過去，無論昨日成功或失敗，並無法預測你明天是成功還是失敗，因爲生活只有當下，人生也只有現在和未來。

所以，我們要積極地往前航行，一如故事中的啓示：「果決前進，不要把眼光停滯在目前，因為明天很快就要成為過去，一旦過去了，我們便要少掉掌握一天的好時機。」

03

不怕沒實力，只怕沒自信

別人說的不一定是真的，
別人做的不一定是對的，
只有自己決定的事情，
才是不可以輕忽的。

看好的一面，是成功者的條件

事情沒有絕對的好與壞，端看我們自己的詮釋。成功與否，是看人本身的素質，而不是人所投入的行業。

不論身處哪一個年代，「努力、堅持、思考、創新」都是成功者必備的條件。成功與否，是看人本身的素質，而不是人所投入的行業。一個成功的人去淘沙，一樣會很成功；一個失敗的人去經營房地產，一樣還是會失敗。

是成是敗，其實取決於眼界和心態。

香港商界巨擘霍英東的事業版圖非常龐大，經營範圍包括房地產、建築、航運、旅館、酒樓、百貨、石油等多種行業。

他的成功秘訣，在於專門尋找「冷道」下手。

一九四五年八月，抗日戰爭結束，日本人撤走後，運輸成為當時香港迫切需要的行業。霍英東看準了這個行情，借用母親身上有限的積蓄，東拼西湊，買了些廉價的小艇和海軍機器，再抓緊時機很快地轉手賣出，從中獲利，為自己賺進了第一筆做生意的資金。

當時，日本人正高價收購一種可製成藥物的海草，霍英東覺得這門生意大有可為，便四處打聽消息，了解到南太平洋小島附近密布這種海草。

他買了一艘摩托艇，找了八十個渴望賺一筆大錢的漁民，向那座小島出發。不料島上氣溫極高，食物又非常缺乏，無水可喝，生病了也無藥可吃，一行人病的病、倒的倒，六個月之後，他們冒險歸來，帶回來的海草僅夠開支，完全無利可圖。這次生意的慘敗，令母親不再支持霍英東從商。

但是，霍英東並沒有因為這打擊而低頭，心道：「母親信不過我，認為我冒的風險太大。但我相信這是對的，絕不氣餒。」

不久，霍英東又設法買了一條拖船，決心闖出一條路，自己獨立做生意。在友人的幫助下，他投入當時非常賺錢的運輸事業，並且大有收穫。

就這樣，他開始了滾雪球式的發展，專門挑還沒有蓬勃發展，但是有前途的「冷道」，搶先一步經營。

他十分看好香港的房地產業，於是出錢買地、蓋大樓，並創下房屋蓋好之前先分層預售之先例。等到房地產大紅的時候，霍英東的荷包早已賺飽了。

當別人紛紛搶食房地產這塊大餅時，不斷進取的霍英東的眼光又轉向了本大而利薄的「淘沙」業。

二十世紀六十年代的香港淘沙業需要大量人力，但是獲利卻非常少，大多數商人都不敢輕易涉獵。但是獨具慧眼的霍英東卻敏銳地洞察到，隨著香港建築業的蓬勃發展，海沙的需求量將大幅增長，淘沙業其實大有可為。

於是，霍英東「知難而進」。

一方面，他派人到世界各地，不惜重金定購淘沙機船。另外一方面，他與香港政府合作，專門負責修繕各處碼頭，並積極參與當時的填海工程。

看在別人眼中吃力不討好的淘沙產業，霍英東卻能把它經營得有聲有色，這都歸功於他周密的運籌帷幄，以及堅持不懈的創新努力。

像霍英東這樣的創業故事，現在這個年代，可能很難再看見。從前那個年代，只要錢撒對了地方，財富就會滾滾而來。相對的，現在這個年代，除了要有資金之外，還要具備更多的新技術、新策略、新創意，才能夠和成功人士競爭。

傳統產業已經被上一輩的人佔滿，新興產業未來的發展又不能夠確定，這是我們這一代年輕人的徬徨。

值得學習的，是霍英東「知難而進」的精神。別人都不做的，我做！別人都不看好的，我就是偏偏要去看好的那一面！

在這多變化的世代，我們很難去預測未來的發展，正因爲如此，更應該要堅持自己的想法。事情沒有絕對的好與壞，端看我們自己的詮釋。

把握成功的精髓，創造更多機會

只把別人的成功歸因於「他的運氣比我好」，那等同於抹煞了自己的學習機會，也降低了自己成功的可能。

《紐約時報》評選的最佳暢銷書《華倫．巴菲特之路》一書中，對巴菲特有著如此的介紹：「他是當今世界和人類歷史上最偉大的股市投資者，一九五六年以一百美元起家，迄今爲止其個人資產已超過一百六十億美元，被譽爲世界頭號股王。」

巴菲特十一歲開始涉足股市，與姐姐合資三十八美元，買了城市服務公司的三股股票。幾天後，城市服務公司的股票迅速上漲，巴菲特迫不及待地把它脫手出售，賺了五美元。

豈知，這檔股票仍然繼續上升，巴菲特的姐姐埋怨他出售太早了。

巴菲特由此獲得一個教訓：看到時機固然重要，把握時機更重要。

巴菲特從少年時代起就喜歡看賽馬，後來他還愛賭賽馬，當然，出身貧寒的他，沒有多少錢可以下注的。

但是，他卻利用他在觀看賽馬中的獨特見解，出版了一本《馬經》，這本書的銷售成績非常突出，然而那一年，巴菲特只有十二歲，誰也不知道那本暢銷書的作者僅僅是一位小學生！

到了十五歲的時候，巴菲特更顯示出自身出色的商業才華。

他與同學合資，用二十五美元買下一台「吃角子老虎機」，把它放在理髮店裡。等候理髮的人為了消遣，總會投入一些硬幣小賭。

巴菲特和他的夥伴，每個星期可以從這架機器上收取五十美元。

大學畢業後，巴菲特當過一段時間的教師，之後，他籌措了少量的資金，與朋友合夥開了一家投資公司，做些小買賣。

巴菲特在教學和實踐中，形成了他的「價值投資學」：

一、尋找被市場低估的股票。

二、買下它。

三、等股價上升到一定水準即脫手。

由於善於掌握時機，他的公司業務迅速發展，一九六九年，公司的淨資產已經是當年投資的幾十倍，他本人也賺得兩千五百萬美元。

之後，他開始自己獨資做生意。得知麻薩諸塞一家名叫哈薩維的紡織公司因瀕臨破產而拍賣，巴菲特立刻將它收購下來，然後將原本的紡織設備賣掉，只保留公司名字，改進行投資業務。

一九七三年，他以一千萬美元買下《華盛頓郵報》的股份，繼而以四千五百萬美元買下美國政府僱員保險公司。

一九八五年，他用五億美元購進城市服務公司的控股股份，一九八七年撥七億美元投資所羅門證券經紀公司，隨後又買下可口可樂公司十億美元股份。

巴菲特掌握一個又一個時機，使財源廣進。最初，哈薩維公司每股股票只值兩美元，現在已經高達八千六百美元了。

很多人都羨慕巴菲特的才華與機運，但是看似簡單的投資方式背後，實則有相當深奧的哲學。

巴菲特從不相信潮流趨勢，他認爲，唯一可靠的就是掌握企業的基本面。在考量一家公司的前景時，他會審核該公司的核心產品、營收、獲利、經營團隊的能力與品德、處理現金的能力……等等。

聽起來好像很容易，但實際一試，你就會知道這需要費極大的功夫。連資訊發達的現代，我們都不見得能對一家企業的核心價值徹底了解，更何況巴菲特發跡於那個電腦不普遍的年代，把資料蒐集齊全已經不容易，更要防範一些虛假的小道消息，把資料一一驗證，才能一次又一次準確地出手。

每個成功的人背後，都有許多值得我們學習的地方；把握成功的精髓，才能爲自己創造更多機會。

如果我們只是把別人的成功歸因於「他的運氣比我好」，那等同於抹煞了學習機會，也降低了自己成功的可能。

越是靠著簡單方法成功的人，越是值得我們去研究。那麼簡單的事情，爲什麼就只有他做得好，別人都做不好？

答案很簡單，必定因爲他的背後有著一連串不簡單的思考模式。

「下一步」不容半點失誤

不以眼前的成就為成就，總是進一步去思考自己的下一步，這就是一個成功者應該具備的素質。

很多人都認爲，買賣股票之類行爲靠的是時機，做生意靠的是實力，其實正好相反。越是投機的東西，越要紮根於基本面；看似憑實力的東西，則要依賴更多的好運氣。

一八六五年，美國南北戰爭宣告結束，北方工業資產階級成功戰勝了南方種植園主，林肯總統卻被刺身亡。

全美國沉浸在矛盾的情緒之中，一方面為勝利而歡欣鼓舞，另外一方面又因為失去了一位可敬的總統而哀傷。此時，後來的「美國鋼鐵大王」卡內基卻看到了一個賺錢的好機會。

他預料，南北戰爭結束之後，經濟必然復甦，對於鋼鐵的需求量將會與日俱增。於是，他利用手中的資源創立了「聯合製鐵公司」，並且幫助弟弟湯姆經營「匹茲堡火車頭製造公司」和「蘇必略鐵礦」。

做足一切準備，只等待機會來臨。

沒多久，美國政府宣布，要從剛剛收復的加州建造一條橫貫美國大陸的鐵路。當時，幾乎沒有什麼比投資鐵路更加賺錢了。

緊接著，縱橫交錯的各種相連的鐵路建設申請紛紛提出，數十條鐵路排隊等著興建，美洲大陸的鐵路革命時代正式來臨。

「現在是鐵路時代、鋼鐵時代，需要建造鐵路、火車頭和鋼軌，鋼鐵是一本萬利的。」卡內基這麼思索，於是，他在「聯合製鐵廠」裡矗立起一座幾公尺高的熔礦爐。

這是當時世界最大的熔礦爐，建造的經費很高，根本沒有幾個人敢做這麼大膽的投資。但是，卡內基相信自己的眼光，致力於生產鋼鐵，並且在經營方式上大力整頓，貫徹了各階層職責分明的高效率概念，使生產力大為提升，公司自然在短時間內大賺了一筆。

若不是卡內基當時賺錢的速度比別人快，他可能也會像其他鋼鐵公司一樣，淪為經濟大蕭條下的犧牲品。

一八七二年，經濟大蕭條的境況不期而至，銀行倒閉、證券交易所關門，各地的鐵路工程付不出款項來，現場施工戛然而止，連帶影響到原料的生產，一切都被迫停止。

就在眾人感到前途茫茫之際，卡內基斷言：「只有在經濟蕭條的年代，才能以低廉的價格買到鋼鐵廠的建材，工資也相對便宜。其他鋼鐵公司相繼倒閉，許多企業家也已鳴金收兵，這對我而言，正是千載難逢的好機會，絕不可以失之交臂。」

在最困難的情況下，卡內基卻反常人之道，發行公司債券，用籌措來的資金建造一座鋼鐵製造廠。

一八七三年八月六日，卡內基收到第一份訂單——兩千根鋼軌。

這意味經濟蕭條過去了，鐵路工業又開始繁榮，鋼鐵工廠的鎔爐點燃，卡內基又開始賺錢。

一八九〇年，卡內基吞併了「狄克森鋼鐵公司」之後，一舉將資金增到兩千五百萬美元，公司名稱也變為「卡內基鋼鐵公司」。不久之後，又更名為「US鋼鐵企業集團」。

「股神」巴菲特在投資股票的時候從不預測未來趨勢，卡內基卻憑著預測趨勢而致富，那是因爲做生意比買賣股票更冒險。

投資股票，你有好幾年的時間可以等待，短時間的起伏不算什麼，企業本身的素質才最重要。

但是做生意，你頂多只有一年半載的時間可以跟趨勢耗。如果沒有辦法跟上潮流，在短期內回本，一旦資本燒光，就算景氣再好也沒有用。

而且，光靠運氣還不夠。

許多人都和卡內基一樣，相中了鋼鐵工業這門賺錢的行業，成功地趕上了這股熱潮。但是當經濟大蕭條一來，那些人都先後陣亡，只有卡內基能撐過去，這是爲什麼？

因爲，卡內基在賺熱錢的同時，也花了很多心力去提升、健全企業本身的素質。在景氣好的時候，這只是錦上添花，一旦景氣衰敗下來，這就成了企業最大的支柱。

卡內基從來不以眼前的成就爲成就，總是進一步去思考自己的下一步，這就是一個成功者應該具備的素質。

別讓情緒壞了思緒

最大的敵人，往往是自己的情緒。與其要求別人不要來招惹我們、不如對別人的過錯一笑置之。

別人說錯話，那是他沒見識、沒修養，但是你去跟他計較，甚至去記仇，就是你沒度量、沒智慧。

下次被情緒牽著走的時候，不妨想想拿破崙聰明一世、糊塗一時的教訓，或許你就能多一分冷靜，少一分計較，做出更有智慧的選擇。

一八〇三年，年輕的美國發明家富爾頓，在塞納河上建造了第一艘以蒸汽機為動力的輪船。

當富爾頓獲悉拿破崙將軍要越過英吉利海峽與英國作戰時，立刻興致勃勃地前去推銷自己的新產品。

若不是他當時不小心失口說錯了一句話，拿破崙說不定真會採納他的建議。如此一來，拿破崙的後半生及法國的歷史，都要改寫。

話說當時，拿破崙的海軍已堪稱龐大，只是艦船大多是木質結構，靠風帆與風的動力航行。而他的對手英國人，卻早已用上了蒸汽驅動船，這使拿破崙與英軍對陣時，常常感到英雄氣短。

也因此，他對這種全新動力的海上裝置很感興趣。

富爾頓在介紹自己的產品時，越說越興奮：「一台二十馬力的蒸汽船可以抵得上二十面鼓滿的風帆，陛下的艦隊再也不必待在港口等待好天氣出航，到時，不要說是英國人，就算是兔子，也跑不過陛下，等到旗開得勝的時候，您就是這個世界上最高大的人了！」

本來，拿破崙聽得正起勁，但是聽到最後一句話，立刻變了臉色，因為富爾頓哪壺不開提哪壺，恰好觸及到了拿破崙最忌諱的身高問題。

拿破崙立刻毫不客氣地反駁說：「你只說船快，卻隻字不提鐵板、蒸汽機和煤的重量，這不是擺明了有鬼嗎？我寬宏大量，不說你是個騙子，只當你是個十足的傻瓜！快拿著你的設計圖走吧！別在這裡誇口說一些無憑無據的傻話了，我才不會被你這個傻瓜欺騙呢！」

就這樣，拿破崙拒絕了能夠令他在海上稱霸的大好機會。

一八一二年，英國人購買了富爾頓的輪船專利，法國從此被遠遠地甩到了後面，不再是英國的對手。

後來的軍事評論家說，正是拿破崙多疑、自大的性格，才會聰明反被聰明誤，不相信「軍艦可以不靠風帆航行」，這是失敗的最主要原因。如果他當初能夠多聽聽專家的建言，歐洲日後的狀態和政局可能就完全不同了。

說話前不先打聽，專挑別人不愛聽的話說，真是說話的大忌。

偏偏不懂得說話的人滿街都是，經常一開口就得罪別人，也時常一不小心就被別人的話語得罪。

然而，爲了別人一句無心的話語一整天都不開心，划算嗎？爲了別人的無心之過拒絕一個對自己有利的機會，值得嗎？

拿破崙縱使有領導統御的天才，但是缺少了情緒智商，所以終究還是難逃失敗的命運。

由此可見，我們最大的敵人，往往就是自己的情緒。

與其要求別人不要來招惹我們、不要做出令我們厭惡的事情，不如自己練就一身好功夫，對別人的過錯一笑置之。

不怕沒實力，只怕沒自信

別人說的不一定是真的，別人做的不一定是對的，只有自己決定的事情，才是不可以輕忽的。

美國總統林肯曾說：「如果我們能夠了解我們的處境與趨向，那麼，我們就能更好地判斷我們應該做什麼，以及怎樣去做。」

景氣的好壞或許不是我們可以改變的，但是我們可以運用正面的能量，改變自己應對的模式。不要因爲困頓而自怨自艾，也不要因爲厄運而怨天尤人，不論遭遇再艱困的際遇，人都要讓自己的生命發光發亮。

二十世紀初期，三十歲的陳嘉庚離鄉背井來到新加坡，開始了他的創業生涯。起初，他經營的是罐頭廠，後來有一天，他從一個英國職員那裡，得知英國一家大公司在新加坡高價收買橡膠園的消息。

富有生意頭腦的他，立刻敏銳地意識到橡膠種植業的廣闊前景，於是，開始改投資經營橡膠園。

十多年後，他已經擁有橡膠園三萬多畝。

就在這個時候，一股巨大的逆浪朝他衝擊而來。

由於種植橡膠本輕利重，英、日商紛紛蜂擁而來，橡膠園成了最熱門的行業，遍布整個南洋，導致市場供過於求，橡膠變得一文不值。

許多商人，包括陳嘉庚在內的橡膠廠，都遭遇嚴重的虧損，橡膠產業似乎日落西山，奄奄一息。

但是，就在人們爭先恐後賣出橡膠園、橡膠廠，試圖停止損失的時候，陳嘉庚偏偏反其道而行。

他認為，橡膠的用途相當廣泛，市場蕭條只是暫時的現象。而且南洋一帶殖民地的橡膠業是英國政府重要的稅收來源，英國殖民者絕對不會坐視橡膠的價格繼續下跌。

想通了這一點之後，陳嘉庚用便宜的價格收購別人出讓的橡膠園，先花三十多萬元在馬來西亞買下九家橡膠工廠，又花了十多萬元擴充工廠的設備，還針對自己原有的工廠進行了修整和擴充，並投資十萬元經營橡膠成品製造廠，等待時機，準備大肆出擊。

果然不出陳嘉庚所料，沒多久，橡膠的價格開始回升，橡膠業又恢復了生機，陳嘉庚的投資得到豐厚的回收。

之後，他再接再厲，往海外發展事業版圖，在世界的各個角落拓展據點。一九二五年底，陳氏公司已經成為南洋最大的聯合企業公司，陳嘉庚本人也被譽為「橡膠大王」。

陳嘉庚的成功，在於不盲目跟從時勢，而是更進一步地去預測時勢。

有句話說「時代創造英雄，英雄創造時代」，成功何嘗不是如此？每個時代都有當代最熱門的行業，但不是每個投入這門行業的人都會成功。成功，永遠只屬於有自己的想法的人。

投資不是投機，不能只聽風聲，光看表面，更要有自己的步驟和策略。更重要的是，當所有人的看法都與你不同時，你是否能堅持下去？當每個人的做法都與你背道而馳時，你受得了那種壓力嗎？

人在做決策的時候，很難不受到別人的影響，但一個成功的人，必定是一個可以忍受孤獨的人。

因爲，他知道，別人說的不一定是眞的，別人做的不一定是對的，只有自己決定的事情，才是不可以輕忽的。

就算面臨兩好三壞，誰說不能靠最後一球取勝？

相信自己的人，總是比其他人更容易成功。

莽撞投入不如細細審度

時機很重要，做足準備也很重要，全盤的規劃更為重要。準備好的人，永遠不用擔心沒有機會。

居里夫人曾說：「弱者坐待良機，強者製造時機，但是，智者則會在坐待良機和製造時機之前，先做好準備。」

一個人能不能有所成就，只須看他在等待機會的同時，是否做好迎接挑戰的準備，並且審慎評估，如何運用這些機會。

一九五〇年，日本豐田汽車公司因為面臨破產危機，工廠和銷售部門決定分開營運，各自保命。然而，公司型態才剛剛做出改變，豐田汽車公司就接到了一筆足以起死回生的大訂單——由於朝鮮戰爭爆發，美國軍隊向豐田汽車公司訂購一批為數龐大的卡車。

在當時的情況下，回到從前產銷合一的體制，對公司的營運是比較省時省力的。但是，董事長豐田英二卻沒有立刻提出合併的建議，堅持在做任何一個決定之前，先經過仔細地考察，並且衡量各方面的利益是否均衡，不可馬虎行事。

因此，在經歷了一段產銷分離的營運之後，豐田汽車公司才在豐田英二的帶領下，重新整合，誕生出一家更具競爭力的全新企業。

「很慢才做出決斷」，這是豐田英二一貫的行事作風。有別於一般領導者快、狠、準、魄力十足的風格，豐田英二認為，條件不夠成熟，勉強行事容易失敗，寧可耐心等待時機到來以後再出手，不要逞一時之快。

在處理豐田汽車公司進軍美國市場這件事上，豐田英二也同樣小心謹慎，耐心地等待時機成熟。

在日本汽車廠商中，豐田是繼本田、日產之後進軍美國的第三家。當時，眼看著同行競爭者都已經在美國打下良好的基礎，許多人都為豐田汽車感到惋惜，覺得他們進軍美國的時機太晚。對此，豐田英二堅定地做出回應：「我們在等待真正適當的時機，豐田的行動並沒有落後。」

豐田英二總是謹守著自己的時間表，小心翼翼地跨出每一步。事實證明，豐田公司雖然晚一步赴美發展，但是他們打進美國汽車市場的速度，卻比其他廠商都還要快。

「把握時機」，是現代人成功的重要關鍵。然而，如果只是一味搶時機而缺乏深思熟慮，就算成功恐怕也維持不久。

時機很重要，做足準備也很重要，全盤的規劃更爲重要。很多人在投資的時候，都會害怕錯失良機，因此匆匆忙忙出手，導致後患無窮，後悔莫及。

事實上，好機會固然稍縱即逝，但是錯過了這個機會，一定還會有下一個機會。與其勉強追趕時勢的浪潮，不如專心穿戴好全副武裝以後，再耐心等待下一股波濤。機會永遠只留給準備好的人。準備好的人，永遠不用擔心沒有機會。

立下志願，就要讓它實現

在實現目標的道路上，必定會有各式各樣的阻礙，也會遇到無法預料的挫折，讓許多人才剛跨出，旋即害怕退縮。

什麼是最好的人生目標，標準只有一個，那便是面對這個夢想目標，持續堅持下去，盡全力做到最好。

翻開年少的記憶簿，你是否也想起當時曾許下的人生目標？闔頁省思，目標如今是否已如願達成了呢？

這天，中川老師給即將畢業的學生們出一道作文題目，在黑板上寫下了「今後的打算」四個字。

寫作時間結束，中川老師開始閱讀一個個偉大的目標，有人寫著：「我以後要當一名大公司的職員！」

也有人期許自己：「我要成為一個科學家！」

當然，也有人希望能成為醫生，救助需要幫助的人。

中川老師認真地批閱著，在這些多元的願望中，他發現了兩篇文章最令人感動。一篇是學業成績表現不佳，但性格相當開朗的岡田三吉所作的，另一篇則是罹患小兒痲痺症的大川五郎所寫。

岡田三吉寫道：「在我很小的時候，爸爸就去世了，我對他的印象幾乎是空白的。但是，當我聽說爸爸是個手藝高超的鞋匠時，我便決定，未來我要做日本第一流的鞋匠。」

而大川五郎的願望則是：「我自知身體不如人，無法像普通人那樣能做很多工作。不過，我很幸運，有個在東京做裁縫的親戚願意給我學習的機會，雖然我的動作不甚靈巧，但是只要我努力學習，一定能做出最漂亮的衣服，將來我要做一名日本第一流的裁縫。」

看完這兩篇文章，中川老師不禁微笑：「好，日本第一流的人物！」

畢業典禮結束時，三吉和五郎上前向老師道別。

「老師，我決定明天就到金澤市的鞋店工作。」三吉滿臉自信地說。

這時，五郎小臉上泛著紅暈，也大聲地對他說：「老師，我要前往東京了，不久之後，我就要成為一名裁縫師了。」

中川點了點頭，笑著說：「嗯！你們都要朝著日本第一流的方向出發，也要朝著日本第一流人物的目標前進。孩子，不論這條道路多麼艱難，你們都不要洩氣喔！」

少年用力地點著頭，他們聽見老師的鼓勵，對於自己的未來也充滿了信心和希望。

八年以後，他們果然分別成為日本第一流的鞋匠與裁縫師，人們只要來到東京，向當地人問起鞋匠三吉和裁縫五郎，幾乎每個人都豎起大拇指說：「好！」

每個人都一定會有夢想，也一定會有心中最想做的事。然而，在實現目標的道路上，必定會有各式各樣的阻礙，也會遇到許多無法預料的挫折，這些難關讓許多人才剛跨出，旋即就因爲害怕而退縮，甚至連夢想和目標也慢慢地被擱置了。

至於能實現目標的人，不是因爲他們的機運比別人好，也不是他們的天賦比別人強，只是他們和三吉與五郎一樣，始終都相信：「我的目標一定能實現，我一定能成爲第一流人物！」

堅毅與自信是他們成功的關鍵，當然也是無法達成目標的人最缺乏的條件。每一個夢想都有實現的機會，只要我們立定目標的那一刻，能和三吉、五郎一起將中川老師的勉勵銘記在心：「再艱難，你們都不要放棄，我相信你們一定會成功！」

年紀越大，心態就要越年輕

只要你不放棄讓自己隨時保持年輕和熱情的心態，那麼年齡對你而言，並沒有太大意義，只不過是一個數字而已。

不知道你有沒有看過這種情形：明明才一個二十出頭的年輕人，卻總是一副無精打采的樣子；可是反觀有些七、八十歲的老人家，卻依然神采奕奕，容光煥發得像年輕人一樣。

之所以會產生這種現象，其實都是因爲心境造成的。

你認爲你是什麼樣的人，你的外表就會展現出你所想的樣子。

畢卡索於一九六六年，在法國巴黎舉行了一次個人回顧展，展出的作品依照創作年代的順序來排列。

在這一次的回顧展中，可以清楚地看出畢卡索畫風的轉變。

在他創作的初期，作品大都以風景畫和靜物寫生為主；到了中期，很明顯地可以從風景畫中，看出有一些不諧調的色彩出現，而靜物的寫生，也不像初期那樣的寫實。

等到後期，畢卡索的作品開始展現出世人熟知的畫風：抽象而且變形的人體、充滿活力的線條，以及各種用色大膽的幾何圖形，形成能夠引人徜徉在其中的無盡趣味。

畢卡索有一位畫家兼評論家朋友，看完這次的回顧展後，問當時高齡八十五歲的畢卡索說：「你這次畫展的排列順序，真是令我感到不解。你初期的作品看起來穩重嚴肅，但是越往後發展，越是顯得狂放不羈，好像完全沒有規則可循。依我看，你的畫作年代排列，應該要倒過來才對。」

畢卡索聽了朋友的話，笑笑地回答說：「人一旦上了年紀，往往需要很長的時間，才能夠回復青春，但是只要你願意，你還是可以做得到。我的畫想要表達的，就是這種想法。」

人生，其實就是我們自己彩繪的圖畫，要展現什麼色調，表達什麼意涵，決定權也全都在自己手上。

人生的價值並不是依據外表的美醜、財富、地未來衡量，而是你是否對自己深具信心，是否敢讓自己越活越年輕。

畢卡索用他的畫筆，展現出他年輕的心境，也說明了，一個人的年紀大小，並不代表他的生活態度和想法。

只要你不放棄讓自己隨時保持年輕和熱情的心態，那麼年齡對你而言，並沒有太大意義，只不過是一個數字而已。

04

自我檢討，才能越來越好

真正了解自己以後，你就會發現，
自己不足的地方還有很多。
把失敗歸因於運氣，
不過是自欺欺人的一種說法而已。

以堅忍心態化解障礙

人生沒有絕路，只有自絕的心靈。阻擋人的往往不是世上的苦難，而是自己內心裡的苦毒。

在成功者的字典裡，沒有「不可能」這三個字。

在奮鬥的過程中，總會遇到一些障礙。這些障礙或許會打擊我們的信心，拖慢我們的腳步，令我們前功盡棄，甚至帶來萬念俱灰感受，但是，只要你眞心想做，它就擋不了你。

有句話說：「上帝為你關了一扇門，必定會為你開一扇窗。」但是對貝多芬來說，即使上帝關了所有的門，他也會憑著自己的力量再次把門打開。

貝多芬早在二十七歲時，聽力就出現障礙。一開始是左耳，後來右耳也有問題。隨著聽力逐漸衰退，到了五十二歲的時候，他已經無法從事演奏和指揮，聽力完全喪失。

對這位天才音樂家來說，耳聾是致命的打擊。和一般人一樣，他也曾感到灰心、感到軟弱，甚至曾經有過自殺的念頭。

然而，藉著鋼鐵般的意志，貝多芬改變了人生觀，他說：「我要扼住命運的咽喉，絕不允許它毀滅我！」

貝多芬使用各式各樣的工具來幫助他的聽力，包括一些喇叭形的助聽器。然而，這類助聽器對於辨別聲音並沒有太大的幫助，因此，他在作曲時，不再使用手指彈琴，改用一支木質的鼓槌，一端用牙齒咬住，另外一端則用來敲打琴鍵，讓音波的振動沿著鼓槌傳到牙齒，再經由頭骨傳到耳內。

耳聾以後的貝多芬，對學習和創作更加勤奮，對時間也倍覺珍惜。

雖然他聽不到自己演奏出來的鋼琴聲，但是為了讓藝術的火花永不熄滅，依然每天都花很長的時間練習彈琴。

彈得多了，手指發熱，他就把手指泡一泡冷水，接著再彈。

貝多芬非常愛惜時間，但是也非常捨得花費時間。

他對創作的態度十分認真，動筆之前要經過反覆思考，還要不斷修改。著名的〈萊昂諾拉〉序曲，寫了不下三、四種版本，為歌劇〈菲德利奧〉所編寫的曲子，更是修改達十八次之多。正是這種與命運搏鬥的頑強精神，促使貝多芬成功地創作出一曲又一曲不朽的名作。

他的聽力越退步，創作能力就越激昂。一八〇一年的〈月光奏鳴曲〉、一八〇四年的〈第三英雄交響曲〉、一八〇五年的〈第四交響曲〉、〈熱情奏鳴曲〉，以及一八〇八年的〈第五命運交響曲〉、〈第六田園交響曲〉，這些重要的作品，幾乎都是完成在他那與世俗噪音隔絕的世界裡。

還有哪一個創作人比貝多芬更刻苦、更偉大？想起貝多芬爲了成功所付出的代價，我們還有什麼資格感嘆上天對自己不公平呢？

從貝多芬的身上，我們可以看見一個眞理：只要你真心想做，並且努力去做，就沒有任何事情可以攔阻得了你。

在世人短淺的眼光中，我們總是會把艱難的任務視爲「不可能」，但是所謂的「成功」，就是把被認爲「不可能」的事情變成「可能」。

誰說聽不見聲音就不能作曲？誰說沒有手就不能畫畫？

很多看似「不可能」的事情，都有人可以做得到。這不是因爲他們天賦異秉，也不是上蒼特別恩寵，而是因爲他們從來不對自己說「不可能」。

障礙，是用來突破的。人生沒有絕路，只有自絕的心靈。阻擋人的往往不是世上的苦難，而是自己內心裡的苦毒。

自我檢討，才能越來越好

真正了解自己以後，你就會發現，自己不足的地方還有很多。把失敗歸因於運氣，不過是自欺欺人的一種說法而已。

在人生當中，不斷追求成功是必然要做的事。

但是，人生在世，不可能事事順利，難免會遇到一些意想不到的麻煩。與其奢求凡事順利，不如培養「勝不驕、敗不餒」的態度，把勝負擺在一邊，只專心朝目標努力。

美國動畫大師迪士尼為世界建立了一座偉大的童話王國，然而，迪士尼的創業過程並非一帆風順。表面的風光背後，他為他的每一個成就都付出了數倍的汗水和心血。

迪士尼是一個非常堅強的人，一生都在與命運搏鬥。他的信念是：如果你不戰勝命運，就要被命運擺弄。

一九二二年底，華特·迪士尼發現電影廣告公司有利可圖，經過兩年的工作學習，對卡通廣告製作有了一番徹底了解，開始著手創業。

迪士尼辭去電影廣告公司的工作，把自己僅有的一點積蓄全部拿出來，並向朋友和同事們集資共得一萬五千美元，成立「歡笑卡通製作公司」。

他不分日夜親自繪圖，根據童話故事拍攝出兩套七分鐘的短片。

迪士尼對自己的作品非常滿意，滿心期待著一砲而紅，能夠有一個好的開始，立刻委託兩名業務員把自己的作品向全國行銷。

這兩位業務員拍著胸脯保證自己是一流的推銷員，一定會為迪士尼爭取到最好的效益。迪士尼等待著自己付出的汗水能夠換來好的回報，可是，一天天過去了，卻再也沒有那兩名業務員的任何消息。

迪士尼四處找尋那兩位業務員，卻一無所獲。後來才知道，原來，他們用私人的名義出讓了迪士尼的作品版權，將當中的利潤佔為己有，並且早已逃之夭夭。迪士尼血本無歸，卻又束手無策，他的心情一下子跌到谷底，「歡笑」轉眼間變成了苦惱。

一九二三年，迪士尼的卡通製作公司不得不宣布破產，公司的所有器材被拍賣還債，當中有些款項是迪士尼私人借貸的，即使公司破產以後，迪士尼仍須清還債務。

迪士尼的創業夢破碎，變得一無所有。還好，債權人還算仁慈，允許迪士尼帶走照相機，讓他仍保有一樣生財工具。

經過這一番折騰，迪士尼不但飽受精神上的煎熬，還欠下大筆債務。

在無數個失眠的夜晚，他苦思冥想，反省自己的失敗原因，不是創作出來的作品不好，而是自己不擅長經營，沒有按照商場上的經營規則去運作，因而受騙上當。他曾經拚命地敲自己的腦袋，悔不當初地責怪自己：「為什麼要輕信那兩位業務員？為什麼不訂一些制約他們的措施？為什麼事先不對他們的信譽進行調查？為什麼……」

這次的教訓是慘痛的，但痛苦也正是成熟的開始。

迪士尼下決心東山再起。他靠拍攝照片供報刊選用，或是替人繪製海報，從中賺取微薄的稿費，將每一筆收入慢慢累積，最後終於走出困境，取得了令世人矚目的成就。

看了這個故事以後，你會把迪士尼早年的失敗歸因於他的運氣不好，還是他的能力不足？

一個人不會無緣無故成功，也不會無緣無故失敗。成功與失敗，一定都存在著某些原因。

類似迪士尼這樣的失敗經歷，很多人都曾經遭遇過，有些人把自己的失敗歸咎於遇人不淑、運氣不佳，所以，他們一輩子都爬不起來。

但是迪士尼卻不這麼想，他從根本開始檢討，誠實地面對問題，勇敢承認自己做了錯誤的決定，缺乏當老闆的能力，也因此，他能夠從失敗中得到寶貴的教訓，突破正面臨的困境。

對於很多自認有才華的人來說，承認不夠格當老闆，實在是一件很困難的事。然而，沒有人生下來就具備了經營管理的能力，覺得懷才不遇的人，絕大部分是因爲他們根本都就不夠了解自己。

當你眞正了解自己以後，你就會發現，自身不足的地方還有很多。

把失敗歸因於運氣，不過是自欺欺人的一種說法而已。人最怕的，不是沒有功成名就的才能，而是連自我檢討的能力都沒有。

從對的地方發現希望

既然我們沒有辦法把興趣當成工作，那麼，我們應該把時間盡量花在能夠激動人心的事情之上。

一八七八年初，愛迪生成功發明電燈，他的秘書問他對成功的看法時，他是這麼說的：「成功有百分之九十九是對什麼路走不通的認識，剩下的也許是天才的成分。因為，據我所知，想要成功，就要堅持不懈地耐心觀察。除此之外，別無他法。」

愛迪生用事實證明了這一點。他研製電燈經歷了一千三百多次失敗，研製攝影機花了五年的時間。

他的每一項發明，都是無數次失敗換取而來。

愛迪生的兒子回憶他與父親一起工作的場面時說：「有一次，其他研究成員都堅持不留宿，先回家了，只有我陪著父親繼續工作。過了一會兒，我也不知不覺要睡著了，那時已經凌晨一點鐘。父親看到我如此疲憊，就說：『好，如果你一定要睡，就躺在牆角那裡的桌子下面睡，這樣我才不會踩到你。』當我一覺醒來，母親要帶我回家時，父親還埋首於桌上，聚精會神地做實驗。」

愛迪生雖然有強大的意志力，但是他終究也只是個凡人，如此過人的體力究竟是從哪裡來的呢？

毫無疑問，對生活和事業的熱忱，是他工作時最大的動力。

愛迪生經常對揶揄他的人們表示不解，並反問道：「既然我有如此激動人心的事業要做，為什麼要把時間花在閒晃上呢？」

他常說，人生需要時常有所收穫，絕不能一生就收穫一次。

由於愛迪生向來都是夜以繼日地進行實驗，把一天當成兩天來用，所以從統計數字看來，發明數量十分驚人。

愛迪生活到八十四歲，從十六歲的第一項發明「自動定時發報器」算起，他平均每過十二天半，就有一項新發明問世。

特別是一八八二年那一年，居然平均不到三天就有一項新發明，可見成功真的不是偶然，而是努力換得的成果。

愛迪生是個工作狂，爲了發明，他可以不睡覺、不休息，也不偷懶。能夠做到這種地步，是因爲他認爲自己所做的事情是一項「激動人心的事業」，工作帶給他的快樂，超過了其他所有的娛樂。

換句話說，如果你總是浪費許多時間閒晃，如果你愛睡眠勝過於你的工作，那可能代表你的工作無法激盪你的心。

這不是你的問題，也不是工作的問題，而是人生本來就如此。

大多數人從事的工作，都是自己可以接受，卻又不算太喜歡的事情。很少人像愛迪生那麼幸運，自身興趣與工作合一，進而發展成偉大事業。

既然我們沒有辦法把興趣當成工作，那麼，我們應該把工作當成工作，把興趣當成興趣。

在工作上，力求盡責，然後把多餘的時間盡量花在我們的興趣之上，畢竟那才是能夠激動人心的事情。

就如同愛迪生所說的名言：「人生需要時常都有收穫，絕不能一生就收穫一次。」除了工作之外，人生還需要其他的收穫。除了領薪水的快樂之外，我們也絕對不能放棄其他。

突破困境的人生，最精采高明

人生最難的，不是努力，而是不要去跟別人比較。不要去想別人都怎麼做，只問自己應該要怎麼做。

在我們努力的過程中，「天資」有時的確是一大障礙。天資優異的人，往往只要花幾個鐘頭讀書，就能輕輕鬆鬆勝過資質不好的人苦讀好幾個月。

但反過來想，只要自己肯苦讀幾個月，一樣也可以達到聰明人所能達到的境地，不是嗎？

章學誠是清代著名的史學家，曾參與過《續資治通鑑》的編纂工作，他所著的《文史通義》、《校讎通義》，更是被公認為史學中的兩大名著，備受歷史學者推崇。

像章學誠這樣一位頗有建樹的學者，卻是一個天資偏低的人。

和一般會背書的文人不同，他的記憶力非常差。

據說，章學誠年輕時，一天最多只能背誦兩、三百字的書，而且老是遺漏掉文章裡一些沒有實際意思的虛字。

偏偏當時的封建社會非常講究誦經詠典，研讀任何知識都需要靠博學強記，也因此，章學誠多次參加科舉，屢試不第，一直到四十歲時才中舉人。

然而，章學誠並不因此而對自己失去信心，不顧旁人的議論譏笑，毅然向自己的天賦挑戰，立志要做個傑出的史學家。

四十一歲中了進士後，他不顧家境貧寒，放棄人人嚮往的仕宦之途，專心從事教書和研究學問。

他針對自己記憶力不好的缺陷，找出最適合的讀書方法，顛覆一般人研讀史學由博至專的習慣，從專科開始讀起，慢慢擴展到淵博的地步。

每學一點，就鞏固一點。章學誠一邊讀，一邊做筆記，後來他的許多著作都出自於他的讀書札記。

雖然他的資質平庸，但是毅力過人，治學持之以恆，不急於求成。他的大部分史學成果都出自於晚年，六十三歲雙目失明以後，依然從事著述，至死方休。

章學誠的座右銘是：「不羨慕不費工夫而得來的虛名，不計較世俗庸人的褒貶，孜孜不倦幾十年如一日，肯花中等智力以上的人所不願下的工夫。」

章學誠最成功的地方，不在於勝過別人，而在於他克服了自己的缺點，把能力發揮到了極限。

人生最難的，不是努力，而是不要去跟別人比較。

人生最高明的，不是始終領先，而是能突破生命中的困境。

不要問自己爲什麼要比別人加倍努力，也不要去問上天，爲什麼自己加倍努力了也還是不如人。

因爲這種事情，問了也沒有答案。越是去想，越是埋怨，只會讓自己更加心有不甘，更加沮喪頽唐。

與其如此，不如把心力專注在自己的目標上，不要去想別人都怎麼做，只問自己應該要怎麼做。

每個人的天賦都不同，每個人的目標也不同，我們努力追求自己的理想生活就好，何必去羨慕別人的幸福快樂呢？

發揮自我、突破逆境，就算面臨兩好三壞的局面，你仍然有可能三振對手，或者揮出全壘打。

包容不幸，充實生命

沒有不幸的人生是殘缺的，有時，不幸是一種恩賜，它讓我們的幸福顯得更加真實。

人生難免遇到打擊，沒有人希望自己比別人遭遇更多的不幸，然而很多事情不是我們能控制的。

當事情發生了，我們只能轉換自己的心態，不要太在意不幸。

不要一直去想：「發生了什麼事情？我到底失去了什麼？」而要去思考：「這件事對我有什麼意義？我能從中得到什麼好處？」

一九六七年夏天，美國跳水運動員喬妮．埃里克森在一次跳水事故中，身負重傷，除了頸部以上之外，全身癱瘓。

躺在病床上的喬妮，痛哭不止，卻連替自已擦眼淚的權力都沒有。

她怎麼也擺脫不了那場惡夢，為什麼當時的跳板會滑？為什麼她恰好從那個角度落水？不管家人怎樣安慰，喬妮總認為命運對她實在太不公平了。

出院以後的喬妮，再次來到跳水池旁邊，望著那湛藍的水波，仰望那高高的跳台，明白到自已永遠都不可能再站在那座跳板上了。

跳水曾經是她最愛的一件事，成為一個出色的運動員，曾經是她畢生的願望，但是現在，一切都不可能成真了。

有很長一段時間，喬妮感到生不如死，但是，在拒絕了死神的召喚之後，她開始冷靜思索人生的意義和生命的價值。

她從圖書館借來許多成功人物的傳記，一本接一本認真地讀了起來。

雖然她的雙目健全，讀起書來仍是很艱難的，只能用嘴巴銜著一根小竹片翻書，勞累、傷痛常常迫使她停下來。但是，喬妮並沒有因此而放棄閱讀。

透過大量的閱讀，她漸漸領悟到：我的確是殘廢了，但是許多人在殘廢了之後，卻在另外一條道路上獲得了成功。有的人成了作家，有的人創造了點字，有的人創造出美妙的音樂，我為什麼不能？

喬妮想起中學時代的自己，對繪畫有極大的熱情。她想，我為什麼不趁著這個機會，努力成為一名出色的畫家呢？

有了夢想之後，這個柔弱的女孩變得堅強起來。她撿起了中學時代曾經用過的畫筆，用嘴銜著，在畫紙上慢慢練習。

她的家人看到她用嘴畫畫的模樣，感到非常不捨。在那個時候，她們從來沒有聽說過有人用嘴畫畫會畫得好的，更別說是成為一個專業的畫家了。

他們擔心喬妮會受不了失敗的打擊，紛紛出言勸阻她：「喬妮，別異想天開了，哪有人用嘴畫畫的？妳放心吧！妳什麼都不用做，我們會養妳一輩子。」

家人的話反而激起她的鬥志，心想：「我怎能讓家人養我一輩子？」

喬妮更加努力地作畫，常常累得頭暈目眩，汗水流到眼睛裡，刺痛了雙眼，甚至有時好不容易才畫好一張作品，卻被委屈的淚水給沾濕。

為了累積創作的素材，喬妮經常乘車外出，四處去拜訪知名的畫家，向他們討教、學習。好多個年頭過去了，辛苦沒有白費，她的一幅風景油畫在一次畫展上展出後，得到了美術界的好評。

這時候的喬妮，已經有了一點小小的名氣。一家雜誌社慕名而來向她邀稿，希望她能夠和讀者分享一下學畫的經歷，可是喬妮花了很多時間，都沒有辦法寫好一篇完整的稿子。

這令她受到了很大的刺激，她意識到自己的寫作能力實在太差了，需要一步一腳印紮實地從頭學起。

畫畫對她來說已經很不容易了，寫字對她來說更不容易。

但是，喬妮是那麼地倔強、自信，凡是她想要做的，就一定要做到。

經過長期的努力和練習，喬妮的文學素養不僅大幅提升，而且還出版了一本以她的名字為書名的自傳，頓時轟動文壇，喬妮收到了來自四面八方、數以萬計熱情洋溢的信。

兩年之後，喬妮再次出版《再前進一步》這本書，用她的親身經歷，告訴殘

疾人，要怎麼樣才能戰勝病痛，躍上另外一個人生舞台。

這本書後來被搬上了大銀幕，影片的主角就是由喬妮自己飾演。

她成了青年們心目中的偶像，這都是因為她敢於作夢的緣故。

每件事情都沒有絕對的好和絕對的壞，事情的好與壞，完全是由我們的看待和解決方式來決定。

當碰上看似不好的事情，如果你用了正確的方式來解決，它就會轉變成好事一樁。同樣的，即使受到了幸運之神的眷顧，但若你用不對的方式來應付，好事也必然多磨。

如果你覺得自己很倒楣，不是因爲你眞的很倒楣，而是因爲你選擇用負面的角度去看自己。

沒有人喜歡遭遇不幸，然而，沒有不幸的人生是殘缺的。有時，不幸是一種恩賜，它讓我們的幸福顯得更加眞實。

懂得愛人，就活得值得

一個懂得愛人的人，不管遇到什麼樣的挫折，都能顧念別人的需要，因此忘卻了自己的煩惱。

詩人席勒曾經寫道：「所謂人生就是一場夢幻，唯有適時改變心境的人，才能做出各式各樣的美夢。」

人生的道路就像一條大河，唯有用急流本身的衝擊力改變水流的方向，才能在從前沒有水流的地方，沖刷出讓你意料不到的嶄新河道。

美國南北戰爭期間，南方聯邦軍事天才羅伯特·愛德華·李將軍英勇善戰，屢建奇功，是南方人心目中的英雄。

雖然戰爭最後以南方失敗告終，但是投降之後的李將軍，卻意外地贏得了更多美國人的愛戴。

李將軍出生於南方，他內心裡並不擁護南方聯盟的黑奴制度，曾在給朋友的信中寫道：「儘管人們很少了解到黑奴制度在政治、道德上是邪惡的，但我認為它的存在，將為白人帶來比黑人更多的災難。」

李將軍畢業於美國軍事學院，在美墨戰爭中屢建其功。然而，當南北戰爭爆發時，他卻選擇辭去美軍中的顯赫職務，轉而為南方的奴隸主效力。

這麼做的理由是：他出生於南方，屬於南方，當外鄉人入侵他的故土時，他必須毫不遲疑地保衛它。

戰爭結束以後，李將軍代表南聯邦簽字投降。儀式完畢，他只覺得心如鉛灌，一句話也說不出來。

戰後的南方，滿目瘡痍。許多驕傲的南方人不甘受辱，憤而舉家出走至埃及、墨西哥、南非……等地，他們寧可選擇逃避，也不忍心看到自己昔日的夢想被狠狠撕碎。

失去了戰場的李將軍，避開公共場合成千上萬愛戴他的人群，默默接受了華盛頓學院院長的職務。

當時，這家學院鮮為人知，只靠著一百四十六名學生，每人七十五元的學費來勉強維持。

但是，李將軍一來到學院，憑著他的高人氣，立刻得到許多對學院一無所知的富翁們慷慨贊助，令學院得到一線生機。

兩年後，學生增加了一倍。

卸下戎裝的李將軍搖身一變，成了月薪一百二十五美元的教育家。

在華盛頓學院，他突破傳統呆板的教學方式，加強化學、物理等自然科學課程，並且設立新聞課，這在當時是個前所未有的創舉，比後來教育家制定的新聞課程足足早了四十年。

李將軍義無反顧地投入復興家園的戰役，努力帶領南方人從羞辱中走出來，不浪費一分一秒的時間在流眼淚上。

很多不服氣的南方士兵想要以游擊戰的方式，向北方人討一口氣，紛紛來向將軍請教作戰技巧。

然而，李將軍卻說：「回家去，小子們，把毀滅的家園建起來！」

對此，人們感到非常不解，哪有將軍是教人不要打仗的呢？打仗不是將軍最喜歡、最擅長的事情嗎？

李將軍從來沒有忘記自己是個將軍，他說：「將軍的使命不單單是把年輕人送上戰場送命，更重要的，是要教會他們如何實現人生的價值。」

將軍離開了戰場，一樣還是具備將軍的格局、將軍的智慧。

李將軍能夠受到衆多美國人的愛戴，不是因爲他有勇有謀，而是因爲他有一顆火熱的心，願意爲國家犧牲奉獻。

這份愛國心使他在經歷戰敗的挫折之後，能夠立刻放下往日的榮耀，以另外一種身分繼續爲國家服務，不計較個人得失。

他的愛心，不僅造福人群，同時也令自己獲益無窮。

一個缺乏愛心的人，在遭遇失敗時往往只會灰心喪志、自怨自艾，但是一個懂得愛人的人，不管遇到什麼樣的挫折，都能顧念別人的需要，反倒因此忘卻了自己的煩惱。

知名的口足畫家楊恩典曾說：「一個人的偉大，不在於官大、錢多，而是付出的愛大。」

同樣的，一個人的快樂，也不在於他擁有什麼樣的地位、財富，而是他能夠幫助多少人、付出多少愛。

只要你懂得關心別人、造福別人，你就是很成功、很有用的。至於是究竟富人還是窮人，是青蛙還是王子，是將軍還是卒仔，都已經無所謂了。

每一段經歷都足以創造奇蹟

身處在一個艱難的環境裡，記住，不要害怕，也不要埋怨，繼續走下去，就會看見每一次的挫折背後所隱藏的祝福。

成功學大師卡耐基曾經說過：「人在身處困境時，適應環境的能力，通常比在順境時更為驚人。」

的確，只要是人，都具備忍受不幸、戰勝困境的能力，重點就在於你懂不懂得適時改變心境，將這股驚人潛力發揮出來，幫助自己走出困境。

創業失敗之後，為了償還巨額的債務，年輕的迪士尼毅然出門遠行，來到堪薩斯城謀生。

起初，他到一間報社應徵，想要找份穩定的工作。但是報社主編看了他的作品以後，卻大大搖頭，認為缺乏新意而不予錄用。

這使得迪士尼感到萬分失望和沮喪，覺得自己的才華完全被否定了。

後來，他好不容易找到了一份替教堂作畫的工作，可惜報酬非常微薄，使他連一間像樣的房間也租不起。

為了能有一個遮風避雨的地方，迪士尼只好借用一間廢棄的車庫作為臨時畫室和睡覺的地方，每天在這充滿汽油味的車庫裡辛勤工作到深夜。

最令人受不了的是，這間車庫裡面有老鼠，每次熄燈睡覺後，就能聽到老鼠吱吱的叫聲和在地板上的跳躍聲。

然而，迪士尼工作了一整天，根本已經累到一躺平就能睡著，也正因為這樣，他一直都和吵鬧的老鼠和平共處。

一天，迪士尼在作畫時，忽然看見昏黃的燈光下，有一對亮晶晶的小眼睛，是一隻害羞的小老鼠。

要是早在幾年前，他會想出種種計謀去捕殺這隻老鼠，但是，經歷過許多風浪的他，對很多事情都有了不同的看法。他想，一隻死老鼠難道會比一隻活老鼠更有趣嗎？

看著這隻小老鼠，迪士尼覺得自己並不孤單，至少還有隻老鼠作伴。

那隻小老鼠一次次地出現在迪士尼眼前，在地板上做著各式各樣的運動，表演精彩的雜技，逗得迪士尼哈哈大笑。

起初，老鼠只敢躲在遙遠的角落旁，隨時準備逃跑，漸漸地，牠感受到迪士尼的善意，便一點一點地靠近，甚至爬上他的畫板上跳舞，迪士尼也非常享受牠的陪伴。

不久，迪士尼得到一個機會，去好萊塢製作一部以動物為主的卡通片。

他創造了一個很受歡迎的卡通人物「幸運兔子奧斯華」，獲得觀眾很大的迴響，也令迪士尼重拾信心。

然而，眼看著這隻幸運兔子好不容易為他夢想的大門開啟了一道縫，迪士尼卻在此時遭到好友的背叛，這部卡通片的版權再次被人搶走。

心灰意冷的迪士尼不僅再度失業，而且窮得身無分文。

在這個對人性失望的時刻，迪士尼不禁懷念起那隻陪伴自己度過了無數個孤獨夜晚的小老鼠。

一想起小老鼠爬上畫板跳舞的樣子，迪士尼的靈感頓時湧現。

有史以來，最偉大的動物卡通形象米老鼠就這樣靜悄悄地誕生了。

迪士尼筆下的米老鼠，既活潑可愛，又勇於冒險，而且還非常有朋友道義，完全扭轉了人們對老鼠的負面印象。

米老鼠的故事兼具創意和幽默感，因此名聲一砲打響。

迪士尼不僅被稱為「米老鼠之父」，而且還創造了一個輝煌的動畫王國，直到今日依舊稱霸世界。

人生真的很奇妙，每一段經歷，不管是快樂還是辛苦，不管喜歡還是不喜歡，其實都是有道理的。

如果華特．迪士尼沒有度過那段困苦的日子，他就不會遇到那隻啟發他靈感的小老鼠。

如果華特迪士尼沒有遭到朋友狠心的背叛，他不會賦予米老鼠這麼一個行俠仗義的性格，米老鼠也不可能有這麼好的觀眾緣。

原來，我們生命中發生過的每一件事，都有它存在的意義。

雖然事情發生的時候，我們不喜歡，我們也不明瞭，但是只要收拾好心情，繼續走下去，就會看見每一次挫折背後所隱藏的祝福。

如果你正身處在一個艱難的環境裡，記住，不要害怕，也不要埋怨，不要去計算，也不要浪費時間自憐，只要堅定地走過去，必定會體會到一個峰迴路轉的奇妙人生。

改變態度，就能跨出第一步

你的貴人就是你，你的救兵就是你，只要你願意跨出第一步，擺脫沉溺於失意落魄的心情，一定能擺脫眼前的困境。

成功的人往往懂得控制自己的心境；失敗的人則容易困在情緒的框框裡作繭自縛。面對不如己意的事情，最重要的其實是先處理好自己的心情，這將決定你最後是化阻力爲助力，抑或就此敗在惡劣的心情之下。

人要懂得克制浮躁的情緒，用理智面對事情，尤其是遭遇困境的時候，千萬不能任由沮喪的情緒擺佈。遇上困難時，多數人都會期望得到別人幫忙，只是，得到再多人幫助，若是自己不肯站起來，一切都枉然。

有位經理將畢生積蓄投資在一間小型製造廠中，不幸的是，那年恰巧遇上了世界大戰，根本無法取得工廠所需的原料，最終只得宣告破產。

從此，經理一蹶不振，不僅失去了鬥志，更自覺沒面子面對妻兒，於是離家出走，成為街上流浪漢一員。

他對於那些損失始終無法忘懷，每每一念及此，常常都會告訴自己：「不如死了算了。」

但是，他似乎頗得上天憐憫，在一次偶然機會中，撿到了一本名為《創業者》的書。這本書帶給他全新的勇氣和希望，他決定找到這本書的作者，請作者幫助他再站起來。

不久，經理找到了作者，將自己的經歷述說一次，沒想到這位作者卻對他說：「好，我已經盡力聽完你的故事了，希望這樣對你會有些幫助。」

「就這樣？你不能幫我做點什麼事嗎？」經理問道。

「事實上，我沒有能力幫助你。」作者說。

以為找到救兵的經理這下子慌了，腦子一片混亂，怎麼能再站起來？只見他的臉上變得一片蒼白，低下頭，喃喃地說：「完蛋了！」

作者看著他，跟著對他說：「我是真的沒有辦法幫助你，不過，我可以介紹你去見一個人，他一定能幫助你東山再起。」

經理一聽，立刻跳了起來說：「真的嗎？請快點帶我去見那個人吧！」

作者點了點頭，帶他來到一面極高大的鏡子面前，指著鏡子說：「我要介紹的人就是他，在這世界上，只有這個人能使你東山再起！你必須好好地認識他，否則你真的只能跳河了。在你還不能充分認識他之前，無論是對你還是對這個世界來說，你始終都是個沒有價值的人。」

經理朝著鏡子走去，用手摸了摸長滿鬍鬚的臉，對鏡子裡的人從頭到腳打量了好幾分鐘，又後退了幾步，忽然低下頭，大哭了起來。

幾天後，作者在街上遇見了一個人和他打招呼，不禁問道：「你是？」

「你忘記我了嗎？我是那個流浪漢啊！」經理開心地說。

「你好，你看起來很好啊！」作者笑著說。

「是啊！這得要謝謝你，那天離開你辦公室時我還只是個流浪漢，但我從鏡子找回了自信，我已經找到一份月薪三千美元的工作。老闆還先預支了一些錢給我，要我回去好好安頓家人，我想，我的鬥志又找回來了。」他還風趣地對作者說：「謝謝你，介紹那麼棒的『救兵』給我！」

你心中的救兵是誰呢？

是盼著老天爺幫忙，還是期待某個神秘貴人的出現？

朋友，你生命中的貴人正是你自己啊！幸運之神確實會出現，不過他只會在你突破困境時，在天邊給你一個燦爛的微笑。這個世界上沒有固定的成功法則，更沒有花俏的成功技巧，只有這麼一句平實卻也眞實的至理名言：「一切靠你自己！」

心情好壞將會決定你的成敗！一如故事中的男子，在人生灰暗時期，只顧鑽研生命的黑暗與困頓，將自己關在失敗的心牢中，卻不知道抬頭挺胸、重新站起來，一味用失落的情緒面問題，如此困厄不也是他自己帶來的嗎？

從流浪街頭轉身看見人生的新方向，流浪漢終於明白了「生命操之在我」的道理，那你呢？在人生困頓的此刻，是不是也願意調適自己的心情，給自己多一點力量和勇氣，幫助自己再站起來呢？是的，你的貴人就是你，你的救兵就是你，最好的靠山也是你！只要你願意跨出第一步，擺脫沉溺於失意落魄的心情，理智處理事情，一定能擺脫眼前的困境。

05

換個方向，發現新希望

挫折只不過是在宣告「此路不通」，
並不能阻撓我們到達想去的目的地，
只要可以再找到另外一條路。

熱忱讓生命更具意義

想要活出美好的生命，就必須先讓生命充滿熱忱。不是「想要」，而是「需要」；不是能不能夠，而是「必須」！

想要活出美好的生命，就必須要先讓生命充滿熱忱。

雖然生活中有很多的苦難足以打擊信心，令意志消沉，甚至對人生絕望，但是我們仍然需要保持熱忱。

《鋼鐵是怎樣煉成的》這本書，是俄國作家奧斯特洛夫斯基在全身癱瘓、雙目失明以後完成的。

奧斯特洛夫斯基原來並不是作家，而是一位軍官，一九二〇年，不幸在戰爭中受了重傷。由於受傷以後仍然忘我地工作，引發傷寒和風濕，令他的健康狀況急轉直下，六年以後，他的身體已經糟到必須長期臥床的地步。

疾病使他不能動彈，視力也很模糊，但是，他認為自己還有健康的大腦和一雙手，總是還可以為國家做點事。

奧斯特洛夫斯基想要把自己在戰爭中的經歷紀錄下來，讓後人參照。

然而，寫作對奧斯特洛夫斯基來說，是一件非常不容易的事。他只上過小學，又是半個殘廢，這輩子連一篇完整的文章都不曾寫過，更何況要寫一本書？

為了充實自己，奧斯特洛夫斯基不分晝夜，拚命地讀書，人們看到他這樣子，都稱他是「發狂的讀者」。

這樣的生活過了四年，奧斯特洛夫斯基的雙眼終於完全失明了。胳膊除了肘部以下還能勉強活動之外，全身都不能動彈。

但是，奧斯特洛夫斯基並沒有因此而放棄自己的夢想，經過三年的思考準備，一九三三年，他終於咬緊牙根，以戰爭為素材，開始撰寫《鋼鐵是怎樣煉成的》

這部小說。

奧斯特洛夫斯基寫下的每一個字，都是非常艱苦的。每一次活動關節都疼入骨子裡，但是他還是忍受著，持續不斷地寫。

因為看不見，摸索寫出來的字，簡直沒辦法辨認。字跡凌亂不堪就算了，有時候還會把字疊在另外一個字上。

為了讓自己寫出來的字更整齊易認，奧斯特洛夫斯基想出了一個辦法：用厚紙板刻出一行行空格，沿著空格的凹槽寫，字就不會重疊了。

為了盡早將稿子寫完，他不但白天寫，晚上也寫。反正眼睛看不見，白天晚上對他來說是一樣的。

有時，為了抵抗劇烈的疼痛，奧斯特洛夫斯基會把嘴唇都咬出血來。但是，他卻從來沒有放下筆，休息過一天。

經過兩年多的努力，戰勝了無數難以想像的困難，一九三六年，這部偉大作品終於完成，並且成為世界名著，一直流傳至今。

眼睛看不見，還能怎麼寫字？

答案是，只要你想寫，就一定能夠找得出解決的方法。

奧斯特洛夫斯基不像其他那些爲夢想而努力的人，他並不擅長寫作，也不一定熱愛寫作，但是願意咬著牙忍痛寫下去，只因爲想要對社會有貢獻，想要讓自己的人生有價值。

請這樣告訴自己：不是「想要」，而是「需要」；不是能不能夠的問題，而是你「必須」！

既然頹廢懶散地過也是一天，充滿熱忱地過也是一天，爲什麼不讓自己活得更積極愉快一點呢？

你允許你的心想些什麼，你通常就會得到什麼。

該轉彎的時候就轉彎

人生有很多可能，何不順著命運的河流走？在每個盡頭處轉彎，勇敢嘗試各式各樣的機會。

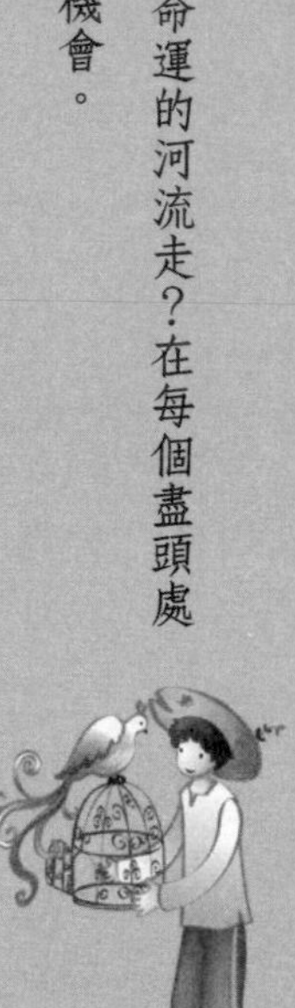

順著命運的河流走，你未必會獲得成功，但是你肯定會活得更加輕鬆。順著命運的河流走，條條大路通羅馬，也許你從此看不見原本的夢想，但是卻因此而找到了其他的可能。

拿破崙·希爾從商學院畢業以後，從事的第一份工作是速記員兼書記員，他一做就是五年，而且任勞任怨、不計報酬。在這五年裡，他晉升得很快，得到了比他的同輩都還要高的收入。

然而，不久之後，這家公司卻破產了，拿破崙．希爾第一次遇到真正的挫折，一夕之間失業。

經過一陣子地尋尋覓覓，他找到了人生中的第二份工作，是擔任南方一間木材公司的銷售經理。

雖然拿破崙．希爾並不懂得木材方面的知識，對銷售管理也不甚了解，但依舊抱著「任勞任怨，不計報酬」的信念，總是主動學習，勤奮工作，所以在第一年裡，薪水就調升了兩次。

由於他在管理方面有很出色的表現，老闆邀請他合夥開創事業高峰。

起初，他們的合作非常成功，馬上就開始賺錢。但是到了一九〇七年，又是一場大災難降臨到拿破崙．希爾的頭上。

由於在股市中投資不慎，全部的積蓄付之流水，又遭逢經濟危機，公司面臨倒閉，拿破崙．希爾再次遭到挫折，成為一個身無分文的窮光蛋。

一九一八年十二月，第一次世界大戰停止。

雖然當時的拿破崙．希爾仍然過著窮困的日子，可是他還是感到非常高興，因為他知道，賺錢的機會又要來了。

經歷了大起大落的拿破崙．希爾百感交集地站在辦公室的窗前，準備自己下一波的出擊。

他回顧前三十年的人生，突然很想要把所有出現在他腦袋裡的東西，無論是成功還是挫折，是辛酸還是甜蜜，全部都記錄下來。

拿破崙．希爾把自己在職場上打滾多年的心得寫成一篇篇的文章，著書問世，立刻開啟了一項新事業，並且獲得了空前的成功。

他把自己失敗的經驗化為寶貴的知識，被世人尊稱為「成功學大師」。至今，拿破崙．希爾的著作仍暢銷全世界，是全球銷售成績排名第二的書籍，總銷售量僅次於《聖經》。

拿破崙．希爾的前半生都希望在商場上得勝，沒想到最後卻在出版界一炮而紅。由此可見，人生旅程中的計劃從來都趕不上變化，人生有太多意外，必須隨時調整自己的想法。

如果拿破崙．希爾在投資失敗之後再接再厲，繼續在股海翻騰，在商場上奔波，他也許不會有後來的財富與成就。

他的成功，歸功於懂得在該轉彎的時候轉彎，並且發掘自己的其他才能，不爲自己設限。

人生有很多可能，除非有滿腔的熱情支撐你去實現遠大的夢想，並且已經爲夢想做出了一套完整的規劃，否則，何不順著命運的河流走？在每個盡頭處轉彎，勇敢嘗試各式各樣的機會。

順著命運的河流走，雖然不知道終點會在哪裡，但至少你一直在往前進，沒有浪費時間停留在原地，蹉跎生命。

不要洩氣，一切都會過去

越是艱難的時候，越是要滿懷信心撐下去。因為，只要過了這一關，勝利就是你的了！

當你心存美好的希望，你自然會更加努力，沒時間煩憂。反正事情總會有好轉的一日，不是嗎？

就算好運並沒有隨著你的期盼而降臨，你也不需要憂愁。相反的，更應該要慶祝。既然事情已經壞到一點轉圜的餘地都沒有，那表示它不可能更壞了，你即將從谷底翻身，不是嗎？

美國經濟大蕭條時期，人們口袋裡沒有錢，自然沒有出門遊玩的意願，商品也乏人問津，失業人數日益增多。

自然而然，大部分旅館都面臨破產倒閉的危機。旅館大亨希爾頓儘管有他的一套，保全了名下八家旅館當中的五家，但也無可避免地陷入資金周轉不靈的困境。

他鼓勵員工發揮集體合作精神，共渡難關，盡量節省每一項開支，例如暫停房間電話的使用，每台可以省下幾美分；關閉一些房間，以免浪費電力和暖氣。儘管如此，旅館的收益仍然持續下降，而房屋租金、貸款利息和各種稅捐又樣樣不能省。

在這艱難日子裡，希爾頓常常用冰毛巾敷額頭，以減輕頭疼的折磨。有一天下午，希爾頓正獨自坐在辦公室裡發愁，突然，見到母親來到辦公室裡探望他。

希爾頓沮喪地對母親說：「只怕我選錯了職業，也許我去學造搖籃或造棺材，都比蓋旅館還要強！」

母親聽了，緩緩而堅定地對他說：「經濟不景氣，有人跳樓，有人自暴自棄，但是也有人滿懷著希望，不停地向上帝禱告。康尼，你千萬別洩氣，一切都會過去的。」

希爾頓聽了這番話，決定自己要站在信心和希望的這一邊。

當律師私下與他商量，認為他最好趕緊宣告破產時，他堅決地拒絕了。

他開始四處奔波，從這個城市跑到另一個城市，把所有可以借的錢都借了，但是仍然止不住旅館的虧損。

就在瀕臨絕望的時刻，奇蹟發生了！

有七位仍然對希爾頓充滿信心的親友，各自掏出了五千美元贊助他，其中一張支票上簽的名字是「瑪莉．希爾頓」，那是他的母親！

為了助兒子一臂之力，這位母親幾乎變賣了自己所有有價值的東西，好不容易才籌得這筆錢。要知道，在一九三三年秋天景氣蕭條的美國，五千美元絕對不是一個小數目。

希爾頓靠著這三萬多塊美元化解了破產的危機，把一度落入他人名下的飯店全部拿回來。

之後，希爾頓又借到五萬五千美元。他孤注一擲，投資石油工業。這一回，上帝沒有讓他失望，投資石油的收益為他清償了所有欠款。

希爾頓母親的一番話，很值得我們每一個人細細聆聽。

「經濟不景氣，有人跳樓，有人自暴自棄，但是也有人滿懷著希望，不停地向上帝禱告。千萬別洩氣，一切都會過去的。」

如果希爾頓在那該破產的時候宣告破產，在那想跳樓的時候眞的跳樓了，他又怎麼享受得到後來的甜美果實呢？

當我們沒有能力扭轉發生在自己身上的不幸時，唯一能做的，便是心存希望，期待著一切的好轉。

人生本就有起有伏，正如比賽時投出的球有好有壞。別擔心，不管你現在遭遇到的是什麼，一切都會過去的。

越是艱難的時候，越是要滿懷信心地撐下去。因爲，只要過了這一關，勝利就是你的。

也許問題過不去，但是時間會過去。也許你現在沒有辦法不痛苦，但是將來的某一天，你的痛苦會消逝。

心存希望，永遠不停止盼望，人生必定不會走到絕境。

把你的心思專注在對的方向，或許好事不會馬上發生，但是你的痛苦會立刻消滅，而好事終有一天會降臨在你身上。

換個方向，發現新希望

挫折只不過是在宣告「此路不通」，並不能阻撓我們到達想去的目的地，只要可以再找到另外一條路。

即使挫折摧毀了我們的目的地，它也不能奪走照亮生命的亮光。因爲，只要心存希望，對自己的未來滿懷信心，付出不會白費，一定會有更好的事情發生在我們身上。

理想破滅不等於世界末日，那只表示我們要換條路走。

日本本田汽車創始者本田宗一郎家世代務農，十五歲的時候，來到東京的一家汽車修理店擔任學徒，學到一些基本技術。

二十二歲時，本田返回故鄉自立門戶，開設汽車修理店，以新方法製造防火的車輻而一鳴驚人。

三十歲時，本田開設工廠，從事製作活塞環的小生產，但因為產品品質不夠好，很快就被市場淘汰。

這無疑是本田創業過程中的一大打擊，但是他並沒有就此屈服，反而以「而立」之年，毅然報名就讀當地的工業中學。

他運用從學校學到的知識，在工廠裡刻苦鑽研，反覆試驗，不斷改良，終於製造出品質精良的活塞環，並且獲得日本軍方採用。

這原本應該是本田大展長才的好機會，不幸的是，這間工廠在第二次世界大戰中，被美國轟炸機炸毀了。

戰後，本田決定從頭再來，經過兩年的籌備，一九四七年，他將從黑市買來的五百個小型引擎裝在自行車上出售，立刻風靡一時。

後來，他索性在一間棄置的軍營前，掛起「本田技術研究工業株式會社」的招牌，僱用了二十個員工，著手生產這種小引擎。

兩年後，他找到一個合夥人，開始銷售產品。

他們徵求全日本五萬多家自行車零售商的合作，把小引擎加在自行車上，建立了一萬三千個零售商的銷售網。

到了二十世紀五〇年代，本田宗一郎出國考察，採購機器，親眼目睹當時全世界最先進的英國汽車工業。

本田和技師們絞盡腦汁，終於在一九五八年生產出一種名為「C100型」的「超級小狼」摩托車，成功打入國際市場。

「不畏艱難，知難而進」的堅毅性格，是本田宗一郎成功的主要原因。

一九五五年，日本政府制定了未來十年本土汽車工業的發展政策。為了提高汽車在國際上的競爭力，政府決定運用「特殊振興法」，只允許兩到三家製造廠牌存在，好讓政府動用財力全力支持。

按照這個規定，本田會社恐怕只能被限定在摩托車的領域內，如果想要發展四輪汽車，勢必會被豐田汽車或日產汽車兼併。但是本田宗一郎沒有就此屈服，他決定正視這項政策帶來的阻力，勇敢地接受挑戰。

少了政府的支持，要進行研發或許很困難，但並不是不可能。

本田認真分析了本田技研會社在生產技術上的特點，尋找出發展途徑，制定好自己的一套戰略，然後毅然進入四輪車領域。

就憑著這個大膽決定，使本田技研會社發展成為今天能夠生產各種轎車的「世界的本田」。

在本田宗一郎不可思議的成功故事中，我們看見了處理危機的智慧，這正是他成功的最大關鍵。

因爲活塞環生意起初面臨的失敗，激發本田回到學校吸收新知。

因爲工廠被美國軍隊炸毀，不得不另尋出路，反而催生了「本田技術研究工業株式會社」。

因爲英國人的嘲笑，激發本田生產摩托車的決心。

因爲政府的打壓，讓本田更加堅定小心地進軍四輪車市場。

面對各種阻力，本田腦中浮現的不是退縮，而是想辦法去克服，因此才能取得後來的美好成就。

對於人生的每一個挫折，我們也應該要抱持這樣的態度。挫折只不過是在宣告「此路不通」，並不能阻撓我們到達想去的目的地，只要可以再找到另外一條路。

一個人能夠有多成功，端看他如何處理自己面對的困境。處理危機的第一步，就是要先整理好自己的心，選擇正確樂觀的思想，不對黑暗投降。

選擇堅持，放棄固執

對於該堅持的理念，我們應該要堅持，但是不要固執；對於無謂的堅持，我們應該要有放棄的智慧。

一位成功學專家曾說：「這個世界上，成功者只佔三％，普通人佔九十七％。兩者之間最大的差別，在於前者習慣堅持，後者習慣放棄。」

不放棄，是一種生存之道。

一九三九年九月一日，納粹進攻波蘭，挑起第二次世界大戰。

一九四〇年五月十日，舊政府破產，英王授權海軍大臣邱吉爾組織新內閣。

邱吉爾發表了著名的就職演說，他說：「我沒有別的，只有熱血、辛勞、眼淚和汗水，貢獻給大家。」

他又補充說：「你們問：『我們的政策是什麼？』我說：『我們的政策就是用上帝給予我們的全部力量，在海上、陸地上和空中進行戰爭。我和要和一個人類罪惡史上從未見過的極惡暴政進行抗戰，這就是我們的政策！』」

「你們問：『我們的目的是什麼？』我可以用一個字來回答：『勝利！我們的目的，就是不惜一切代價去爭取勝利，無論多麼艱難，無論道路多麼遙遠，都要去爭取勝利，因為沒有勝利，就不能生存。』」

正義終將戰勝邪惡，這是邱吉爾信念的泉源。

作為英國政治舞台上卓有領導才能的首相之一，他深受人民尊崇。當時英國著名社會觀察家詹寧斯．普里特曾說：「邱吉爾不論遭到何種挫折與失敗，始終是一個強者，他鼓舞民眾，並且毫不妥協地敵視德國人。」

第二次世界大戰終以同盟國的勝利、法西斯的失敗告終。

邱吉爾是同盟國的三大巨頭之一，二次大戰期間，他率領英國船隊立下不少顯赫的戰功，然而，在戰後的首次大選中，邱吉爾卻被選民趕下台。

雖然感到灰心，但是邱吉爾並沒有怨天尤人，也沒有陶醉在過去的榮耀中，反而摩拳擦掌，以備再戰。

有一回，他應邀在劍橋大學畢業典禮上致辭。一上台，他就用他獨特的風範開口說：「永遠，永遠，永遠不要放棄！」

接著，是一陣長長的沉默。

之後，他又一次強調：「永遠，永遠，永遠不要放棄！」

最後，他注視台下每一位觀眾片刻後，便緩緩地走下台。

這是歷史上最短的一次演講，也是邱吉爾最膾炙人口的一次演講。

沒多久，邱吉爾又在後來的競選中重新奪回了首相寶座，並且成為英國一代賢相，這都是因為他相信自己，而且從來不放棄。

任何可以讓我們活得更好、讓生命更有價值、對社會更有貢獻的事情，我們都不應該放棄。

但是，如果你的堅持只是爲了個人的利益和慾望，如果你的堅持出於意氣，那麼，又有什麼不放棄的理由呢？

邱吉爾告訴世人：「永遠，永遠，永遠不要放棄！」但是，他卻沒有保證，不放棄的結局一定是「成功」。

邱吉爾曾說：「沒有勝利，就不能生存。」確實，爲了生存，我們不能放棄。但是除此以外，沒有什麼東西是不能放棄的。

放棄執著，也許我們都會活得更好。

成功不是生活的全部，勝利不是人生的唯一目的。

對於該堅持的理念，我們應該要堅持，但是不要固執；對於無謂的堅持，我們應該要有放棄的智慧。去追逐美麗的理想，但不要讓理想成爲阻擋自己往更幸福的方向前進的包袱。

養成好習慣，自然無懼負擔

當你習慣了勞苦、習慣了勤奮的生活、習慣了不去計較、習慣了不埋怨，還有什麼事情可以打倒你？

把所有覺得辛苦的工作變成一種習慣，自然就不會再感到辛苦，反而還可以練就出深厚的耐力和抵抗力。

反過來說，如果你覺得肩膀上的擔子很重，覺得自己工作得很辛苦，那其實是因爲你付出的還不夠。

唐朝偉大的宗教家鑑真大師剛剛遁入空門時，寺裡的住持讓他做個大家都不願意做的行腳僧。

每天一大清早，鑑真就必須出外化緣，在外面走到腿痠了、腳破了，才能返回寺內休息。轉眼兩年時間過去，他每天如此，雖然心裡感到很無奈，但卻從來沒有開口抱怨過。

只是，鑑真一直想不明白，為什麼別人都負擔著很輕鬆的工作，但是他卻一直在做寺裡最苦最累的工作，而且一做就是這麼長的時間？難道是因為住持特別討厭他嗎？

為了引起住持的關心，某天，鑑真故意在自己的床邊堆了一大堆破破爛爛的布鞋，還故意睡到日上三竿才起床。

住持覺得很奇怪，這不像鑑真平時的表現。他特地來到鑑真床邊，沒想到卻看見床邊堆了一座小鞋山。

住持問道：「你今天不趕緊外出化緣，堆這麼一堆破鞋幹什麼？」

鑑真打了個哈欠說：「別人一年都穿不破一雙鞋，我才剃度一年多，就穿爛了這麼多的鞋子。」

住持一聽就明白了，微微一笑說：「昨天夜裡剛下了一場雨，你隨我到寺前的路上走走吧！」

寺前是一座黃土坡，由於剛下過雨，路面泥濘不堪。住持拍著鑑真的肩膀說：「你想要作一天和尚敲一天鐘，還是想當個能弘揚佛法的名僧？」

「當然是弘揚佛法的名僧。」鑑真立刻回答。

住持接著問：「你昨天是否在這條路上走過？」

鑑真說：「當然。」

住持問：「那麼，你能找到自己的腳印嗎？」

鑑真十分不解，反問道：「我之前走的路地面又乾又硬，怎麼可能找到自己的腳印？」

住持又笑笑說：「今天再在這路上走一趟，能找到你的腳印嗎？」

鑑真說：「當然能了。」

住持笑著，沒有再說話。

鑑真愣了一下，馬上明白住持的教誨，開悟了。

鑑真大師後來遠渡日本弘揚佛法，成為日本人所尊稱的「大和尚」。

每天在道路上留下自己的足跡，就是一種提升自己的修行。

「學習」，不只是去學那些還不會的東西，對於已經熟練得不得了的事情，更要日日精進。

若是你眞的用足了心、下足了功夫，還談什麼辛苦呢？

習慣了，自然就不覺得辛苦了。

當你習慣了勞苦、習慣了勤奮的生活、習慣了不去計較、習慣了不埋怨，還有什麼事情可以打倒你？又還有什麼是你做不到的呢？

養成好的習慣，是邁向成功的第一步。

所謂的「習慣」，必須奠基於每一天的生活，慢慢累積而成。不是想到了才去做，而是越不想做的時候，越要強迫自己去做。

肯定自己，才能放下不安

那些惡意或別有居心的批評指涉，何須放在心上念念不忘？只要轉念想一想，內心就不會因為偏差的念頭或人們的閒話感到困擾。

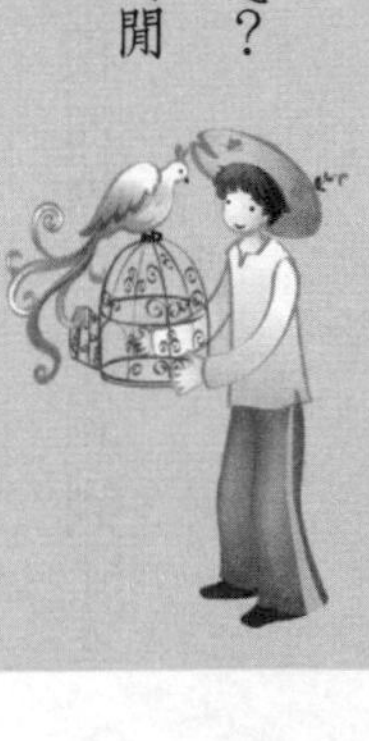

生活中，許多人最常做的事就是猜測別人的觀感，卻常常忽略了自己的想法，殊不知，等待別人的十句鼓勵，總不及自己給的肯定！

每個人都想得到別人的認同讚賞，但在此之前，別忘了必須要先給自己一個堅定的認同和肯定。

胖胖的米蓮娜雖然是位非常有名的專欄作家，但這個頭銜卻沒有讓她對自己充滿信心，她常自卑地對人們說：「我看起來好笨拙呀！」

有一天晚上，米蓮娜懷著忐忑不安的心參加一個大型婚會，就在門口，碰見了一位年輕貌美的女孩。

「妳也要進去嗎？」米蓮娜問這女孩。

「嗯，我有一點害怕，其實我在附近徘徊很久了，每次鼓起勇氣要走進去時，卻沒想到一走近門口，便又退縮了，唉，從小到大我都是這樣子。」女孩神情緊張地說。

米蓮娜看著長得比她漂亮許多的女孩，納悶地想著：「她長得那麼好看，不像我長得這副蠢樣，該煩惱的人應該是我啊！」

「其實，我也很害怕呀！」米蓮娜裝了個鬼臉，並坦白地對女孩說出心裡的話。

女孩聽後忍不住笑了，米蓮娜聽見女孩的笑聲，也跟著尷尬地笑了出聲。兩個緊張大師也因為這一笑，心情變得輕鬆起來了，不再那麼緊張。

她們相互給了對方一個勉勵的微笑，一齊走向那個人聲嘈雜的地方，米蓮娜頻頻轉頭看看身邊的女孩：「妳沒事吧？」

女孩點了點頭，至於米蓮娜自己，因為這個關照分心，不知不覺地也忘記緊張了，更忘記了人言八卦的顧慮，自在地和人們寒暄閒聊了起來。

回家時，米蓮娜和她的新朋友談起今天的感受，女孩主動問米蓮娜：「今晚妳感覺如何？」

「嗯，我覺得比過去的狀況好許多了，這種感覺實在是美妙極了。」米蓮娜開心地說。

「我也這麼覺得，我想那是因為我們發現自己並不孤獨。」女孩笑著說。

聽見這句話時，米蓮娜心頭為之一振：「是啊，我總覺得自己孤立，總以為所有人都自信十足，唯獨我除外。但今天卻遇到一個和我同樣自卑的人，原來我們都被無謂的自我否定吞噬了而不自知。若換個角度想，會不會那些看來意志高昂且談笑風生的人，心中其實也是忐忑不安？」

為了找到答案，米蓮娜決定從身邊的人調查起。

她第一個想知道答案的人正是報社的總編輯，這個總是粗魯無禮對待她的總編，真有那樣的自信和傲氣嗎？走進報館，米蓮娜深吸一口氣，接著便對著總編輯說：「道格拉斯先生，見到你真高興！」

若照往例，米蓮娜都是一面把稿子丟在桌上，一面低聲地說：「我猜想你一定會不滿意，如果要改的話，那就麻煩你了。」

但這一次，米蓮娜改口說：「道格拉斯先生，我真希望你會喜歡這篇稿，我知道，如果寫得不好，你的工作一定會加重，而且肯定非常吃力的。」

「是很吃力。」總編輯忽然嘆了口氣，那張常見的冷酷面孔忽然不見了。

米蓮娜發現真的有了變化，於是悄悄地坐了下來，就在她坐正時，兩個人的目光同時交會，米蓮娜笑著看著眼前的恐怖總編，忽然間，她發現他並不咄咄逼人，還是個看起來性情溫和的男人。

再看看他的桌子上擺放著全家福照片，米蓮娜笑著問：「家人好不好？」

總編聽見米蓮娜的問候，露出了難得一見的微笑。就在那一刻，兩個人一直存在的芥蒂不見了，甚至話匣子一開，兩個人竟滔滔不絕地聊了好久好久。

從孤立自卑到開朗樂觀，你是否也感受到米蓮娜的快樂轉變？

生活中我們常受制於「個人想法」，所謂「個人」很多時候與別人無關，而是我們自己。人生的困和限，都是我們自己找來的，就像米蓮娜和那個女孩的遲疑腳步，就像米蓮娜和總編早先的互動情況。

「個人想法」其實只會禁錮自己的心而已。

再換個角度說，那些惡意或別有居心的批評指涉，只是突顯別人氣度不足且心胸狹隘，像這樣的耳語我們又何須在意？何須放在心上念念不忘？

只要轉念想一想，時時關照自己心裡的快樂觀感，明白人言一時，自己卻要生活一世，內心就不會因爲偏差的念頭或人們的閒話感到困擾。

人際交流中，總有些距離遙遠的人，也總有能和我們心意相通，願意包容你我的人，我們只需珍惜後者，淡然看待前者，生活自然時時暢快。

勇敢跨越困境，突破生命潛能

只要願意面對，願意親自體會，願意忽視怕冷的內心，再冷、再難的關卡一定都能慢慢適應，輕鬆地走過。

看見運動選手超越自己的那一刻，你是否也經常跟著他們激動不已？當選手們苦熬過每一個難關終至成功時，你是否也常不自覺地跟著感動鼓舞？

是的，多數人都喜歡看生命怎麼挑戰極限、挑戰不可能，更喜歡看見人類如何突破困境和險境。

只是，當自己面對相似的難關時，又是否能像他們一樣戰勝膽怯，勇敢面對，積極突破呢？

風雪下得可真大，鼻子被凍得紅通通的雷科巴老師匆匆走進教室。好不容易漸漸溫熱的教室，又因為老師忽然開門，硬是被灌進了一股強大的冷風，風不僅強勢灌進了超低溫度，還順勢把牆壁上的世界地圖吹撥了下來。

這個冷風同時也挑起同學們一陣騷動，雷科巴先生則是一臉冷酷的模樣，看起來不像往常一樣溫和親切。

沒想到，就在這個時候，雷科巴先生忽然大聲地說：「同學們，請把書本闔上，我們到操場上去。」

同學們一聽，全都瞪大了眼睛，不約而同齊聲問道：「為什麼？」

「我們要到操場上站五分鐘。」雷科巴語氣堅定地說。

「天氣這麼冷，還要我們站在大雪之中受寒，老師今天是不是被凍壞了腦袋啊？」同學們忍不住議論著。

不管雷科巴老師臉色多麼威嚴，還是有同學拒絕到屋外，雷科巴並沒有強迫他們，只淡淡地說：「你們將失去一個最好的學習機會。」

包括雷科巴先生在內，一行人抖著身子走到操場上，外面滿是白雪覆蓋，就連籃球架上也輕輕地積了一行行小雪堆。屋外的雪沒有停的意思，小雪粒不斷打在大家的身上臉上，一個個學生被猶如刀割的冷風颳得哇哇大叫，有些人還不停地原地跳動著。

這時，有個女同學忽然往回跑，同學見狀，也跟著往教室的方向跑去。就在這個時候，雷科巴先生忽然跟著回頭，不過他卻是立定腳步，忽然脫去了保暖的羽絨外衣。

同學們一看，個個目瞪口呆，雷科巴先生又再次喊叫著：「快到操場，快去站好。」

同學們沒人敢再吭聲，一個個老實地到操場排好三列縱隊，規規矩矩地在操場上站立著不動。

五分鐘過去，雷科巴先生這才開口說話：「好了，解散。」

只是這聲解散後，卻不見同學們快跑回到教室，居然慢步往回走，原來，冷風已沒那麼具有威力了。

回到教室後，雷科巴先生笑著說：「剛剛到操場上磨練的人一定有不少心得。剛剛在教室時，大家不是都覺得自己敵不過這場風雪嗎？但事實上，讓你們在風雪中站半個小時，不也挺得住嗎？即使要你們只穿一件襯衫，一定也不會有問題的。孩子們，遇到困難時，大多數人總愛用放大鏡放大困難的程度，但只要我們願意面對困難，任何人都會發現，困難不過如此！」

那些乖乖走向風雪的學生們，聽見雷科巴先生這麼說之後，個個都用力地點頭贊成，其中一個男同學還補充說：「是啊！而且挺過之後，我覺得這氣溫一點也不冷呢！」

聽見最後一個男同學慶幸自己沒有縮在教室裡，而是能在風雪中學會面對嚴寒，你是否也覺得感動呢？

運動選手們經常以挑戰人類體能極限爲志，總以超越自己、超越前人紀錄爲人生目標，表現出來的不僅僅是個人意志，更是要讓後人知道：「沒有人知道生命的最高限度在哪兒，我們只知道生命本身有個科學無法探測的無限潛能，為此我們必須更加積極地尋找生命的真正極限！」

雷科巴先生的機會教育，正是要同學們勇敢嘗試，因爲只要試過之後，自然而然地就會發現，原來每人適應溫度的能力比自己想像中還要來得好。這就像面對生活中的困難一般，只要願意面對，願意親自體會，願意忽視怕冷的內心，再冷、再難的關卡一定都能慢慢適應，輕鬆地走過。

06

不放棄挑戰
就沒有失敗

成功者的心裡，沒有失敗這兩個字。
別人眼裡的巨大失敗，
對他來說只是一時的不方便、不順遂而已。

「努力」是最大的優勢

只要你下的功夫夠多，努力的方式正確，就一定可以達到自己的目標。至於有沒有天分，其實不那麼重要。

「天分」這種東西，從來不切實際。每個人碰到失敗時，總是懷疑自己是不是眞的有天分、有才華，卻很少人會去想到：自己是不是還不夠努力？還可不可以更努力一點？

美國小說家海明威的《老人與海》雖然篇幅很短，但氣勢磅礴，因而獲得一九五四年度的諾貝爾文學獎，許多歐美作家都明顯地受到他的影響，他也在文壇享有極高地位。

然而，海明威的文學之路，並不是一帆風順的。

一九一九年中，海明威寫了十二篇短篇小說。這是他的第一次創作，但是稿件卻全部被報社退回。

為了謀生，海明威不得不重操舊業，擔任加拿大《多倫多明星報》的外派記者，從紐約前往歐洲駐守。

第一次世界大戰以後的歐洲，局勢是動盪不安的。

海明威以巴黎為常駐基地，到許多國家採訪過，他在希臘和土耳其目睹了許多戰爭慘況，以記者身份出席過在義大利召開的世界經濟會議，也親眼看到法西斯頭子墨索里尼是如何威脅著歐洲的安全。

這一切不但幫助海明威寫出精采的新聞稿，而且也培養了他對人性和生活的觀察力，為他的文學創作打下深厚的基礎。海明威後來說，記者工作對於一個有志於當作家的人來說，是非常有益的。

在從事新聞工作的同時，海明威堅持進行文學創作。

一九二三年，海明威的第一本作品集，內容包括三篇短篇小說和十首詩，在法國問世。

這本薄薄的小書只印行了三百冊，在社會上沒有引起任何迴響。

一九二四年，海明威辭去了記者工作，專心一意地寫作。由於沒有固定收入，日子過得十分艱苦。

他在巴黎的拉丁區租了一間閣樓，樓下是家木材廠，鋸屑滿天飛，刺耳的鋸木聲鎮日不絕於耳，不僅如此，他的住處樓下更是住了一個不時發出痛苦哀嚎聲的瘋女人。

這一年，海明威又出版了第二本作品集，《在我們的時代裡》。

這是一本只有三十二頁的小冊子，包括十八篇小品文，僅僅印了一百七十冊。可想而知，海明威的經濟狀況並沒有因此獲得改善。

雖然生活困苦，付出的心血總是得不到收穫，但是海明威並沒有因此而氣餒。他勤奮地寫作，每天從早晨六點半開始，一直到寫到中午十二點半，偶爾還會再延長兩個小時。

他喜歡用鉛筆寫，這樣便於修改。

有人說，他寫作時一天用了二十枝鉛筆。他說：「不，沒這麼多，我寫得最順手的時候，一天只用了七枝。」

到了一九二五年，美國一家出版商把海明威新完成的十二篇短篇小說，結合《在我們的時代裡》原有的十八篇小品文，編成《在我們的時代裡》第二版，重新發行。

這本書問世以後，獲得廣大讀者的喜愛，為海明威奠定了作家的聲譽。

每一個人與生俱來的才華都不同，能夠成爲天才，是老天爺的偏愛；但就算當不成天才，你也可以選擇成爲另一個海明威。

只要你下的功夫夠多，努力的方式正確，就一定可以達到自己的目標。

至於有沒有天分，其實不那麼重要。

對一個寫作的人來說，所謂的天分，不是隨便動一動筆就可以寫出偉大的作品，而是能夠每天連續寫八個小時也不疲倦。

這就已經是上天恩賜的一大能耐。

很多人覺得自己沒天分，其實是因爲他們對「天分」這個東西，有極深的誤解、過份的期待。

事實上，天分不能幫助你成功，它只能幫助你支持下去，走出困境。

換個角度來說，每個成功的人，都是有天分的人，只要你眞正認知到「天分」爲何物，你也一定會成功。

不放棄挑戰就沒有失敗

成功者的心裡，沒有失敗這兩個字。別人眼裡的巨大失敗，對他來說只是一時的不方便、不順遂而已。

如果你已經堅定好自己的志向，並且一心一意要朝自己的目標前進，那麼，「如何面對失敗」對你來說，應該已經不是個問題。

要有不尋常的鬥志，才能達到不尋常的成功。

美國總統林肯的一生一共經歷了九次大失敗，只有少數三次成功。

他的成功，我們都看見了，但是他的失敗，卻有可能比我們所經歷過的失敗還要來得悲慘。

一八三二年，林肯失業了。這令他感到非常傷心，因為他從很久以前，就下定決心要當政治家、當州議員，糟糕的是，競選竟失敗了。

林肯沒有秏太多時間自憐，他立刻著手開闢一條新路，想要創辦一家企業，可惜一年不到，這家企業又倒閉了。在往後的十七年間，他不得不為償還企業倒閉時所欠的債務到處奔波，歷盡艱辛磨難。

在雙重打擊之下，林肯仍然抱著一絲希望，決定再參選一次州議員，這一次他好不容易選上了。

第二年，他和心愛的女人訂婚了，沒想到在距離結婚還差幾個月的時候，未婚妻竟不幸去世。這對他的精神打擊實在太大了，林肯心力交瘁，數月臥床不起，甚至還得了神經衰弱症。

一八三八年，林肯覺得身體狀況轉好，於是決定競選州議會議長，可是仍然失敗。一八四三年，他又競選美國國會議員，但這次還是沒有成功。

林肯從來不會問自己：「要是失敗該怎麼辦？」他認為，只要還沒有放棄，就還不算失敗。

一八四六年，他又再一次參加競選國會議員，這次終於當選了。

兩年任期很快就過去了，他決定要爭取連任。

他覺得自己在國會裡的表現是出色的，相信選民會繼續選他，但是結果卻不如他所願，林肯再次嘗到落選的滋味。

由於這次競選失利，林肯幾乎賠光所有積蓄。為了維持生活，他向州政府申請當州內的土地官員。但是，州政府拒絕他的申請，理由是：「當本州的土地官員要求要有卓越的才能和超常的智力，你的條件未能滿足這些要求。」

面對這般毫不留情的打擊，林肯沒有花太多時間去思考自己身處的逆境，只是堅決地走他自己想要走的路。

一八五四年，他競選參議員，但是又失敗了。

兩年後，他爭取美國副總統提名，結果被對手擊敗。

又過了兩年，他再一次競選參議員，還是失敗了。

一直到最後，林肯競選美國第十六屆總統，才好不容易當選。這是他這一生的第三次成功，在經歷了一連串的失敗之後。

成功者的心裡，沒有失敗這兩個字。別人眼裡的巨大失敗，對他來說只是一時的不方便、不順遂而已。

那些不方便、不順遂或許可以讓他從雲端跌落地面，把他從平地拉到谷底，但絕對無法讓他停下腳步。

很多時候，失敗是人們自己「想」出來的。只要不認爲自己已經失敗了，只要不把遭遇到的問題定義成「失敗」，那麼，就不算眞正失敗。

既然如此，你又何必爲失敗而嘆息呢？

不要花時間去回顧自己是如何地傷心難過、如何地倒楣不順利，只要花心思去思索自己下一步該怎麼做。

如此，你就會發現自己還算不上失敗，人生還有下一步可走。

默默承受打擊，不如設法解決問題

不要花時間去「感受」你的問題，只要去思考、去面對、去解決，你就會發現問題已經不再是問題。

詩人紀伯倫曾說：「你過得是否幸福，並不是以什麼事發生在你身上來做決定，而在於你用什麼態度看待這些事情。」

不論眼前如何黑暗，人都要設法擺脫心中的陰霾，迎向充滿希望的未來，從紛亂擾攘的悲觀走出來，從茫昧無明的的苦惱走出來！

一代名將拿破崙幼年時期的生活，非常清苦。

他的父親是科西嘉的貴族，雖然後來因為家道中落而一貧如洗，但仍放不下貴族的身份，性格孤高自傲。即使家裡經濟狀況不佳，但是他仍舊設法籌措學費，把拿破崙送到一所貴族學校求學，以維持家門的尊嚴。

想當然爾，那所學校的學生大多是富家子弟，家境優渥，花錢如流水，衣衫儉樸的拿破崙身處其中，簡直就像是個怪胎，因此經常受到紈褲子弟的欺負和嘲笑。受不了欺侮的時候，拿破崙會寫信向父親抱怨，他在信上寫道：「因為貧窮，我受盡同學的嘲笑戲弄，我實在不知該怎樣對付他們。其實他們只不過是比我多幾個臭錢罷了，在學識和道德上，他們遠不如我。難道我這輩子註定要在這些奢侈驕縱的有錢人面前，過著低聲下氣的生活嗎？」

他父親只回他短短兩句話：「我們窮是窮，但是你非在那裡繼續讀下去不可。等你成功了，一切都將改變。」

就這樣，拿破崙在那個令人窒息的環境裡待了五年之久，直到畢業為止。這五年當中，他每受到一次凌辱，就暗自在心裡重新下一次決心，自己一定要贏得最後的勝利！

只是，空有目標還不夠，想要有過人的成就，他究竟該怎麼做呢？

拿破崙每天努力苦讀，想盡辦法充實自己，為美好前程鋪路。

可是不久之後，拿破崙又遭到另外一個嚴重的打擊。在他二十歲時，父親去世了，家裡只剩下他和母親兩人。當時拿破崙是軍中的一名少尉，薪水不多，僅能勉強維持母子兩人的生活，由於體格瘦小、家境清寒，在軍隊裡處處受到人輕視，不但上司不願意提拔，就連同僚也瞧不起他。

在連一個知心好友都沒有的情況下，拿破崙反而有很多空餘的時間讀書。他有著明確的目的，專門挑一些對他事業有幫助的書來讀。

他在孤寂、悶熱、嚴寒的小書房裡，不間斷地苦學了好幾年，單單從各種書籍中摘錄下來的文摘，就可以印成一本四千多頁的巨作了。

此外，他更把自己當成正在前線指揮作戰的總司令，把科西嘉當作雙方血戰的必爭之地，畫了一張當地最詳細的地圖，用精確的數學方法，計算出各處的距離遠近，並標明某地該如何防守，某地該如何進攻。

這樣的練習使他的軍事知識大大進步，終於獲得上級的賞識，將他升任為軍事教官，負責需要數學精算的軍事課程。

拿破崙也把握每個機會，做出最好的表現。從此，他逐漸飛黃騰達起來，最後如願一鳴驚人，得到了全國最高的權勢。

也許我們可以這麼說，拿破崙的成功，靠的是他沒錢、沒朋友，有的只是讀書的時間和對知識的狂熱。

更精確一點來說，拿破崙從來不浪費時間去「感受」他的苦難，他不會去想自己有多可憐，不會去想自己的個子有多矮，不會去想別人對他有多麼不公平，只是專心一意地去想要怎麼「改善」。

當大難臨頭，你是不斷地對別人、對自己抱怨遭遇到的困難有多大，還是回頭去向困境宣告你的決心、你的毅力有多大？

不要花時間去「感受」你的問題，那對你一點幫助也沒有，你眞正該思考的是如何突破。只要去思考、去面對、去解決，你就會發現問題已經不再是問題。

懷抱希望，實現夢想

不管處在什麼樣的環境，都不能放棄心中的一點小小夢想。這些夢想可以讓我們忘卻今天的苦難，用喜樂的心情去期待明天的美好。

作家賀伯曾經說過一句話，值得我們深思：「雖然你無法改變自己的處境，但是你卻可以改變自己的心境。」

人生過程中，所有發生在於我們身上的逆境與困境，其實都是心境造成的；不是環境限制了我們，而是我們囚禁了自己。

莎士比亞十三歲那年，父親破產了，一家人的生活頓時失去了依靠。他只得中途退學，幫助父母維持家計，從此遠離了校園。

困苦的生活並沒有令莎士比亞心灰意冷，他那充滿幻想的頭腦，讓任何事情都蒙上一層繽紛的色彩。他喜歡大自然的美景，喜歡老人們講述的動人故事，對未來的生活也總是充滿憧憬。

小時候觀賞過的兒童劇團表演，在他記憶裡留下鮮明的印象。由於對戲劇有一股無以言喻的熱情，他暗自下了決心：終身投入戲劇事業。

莎士比亞知道，想要成為一個戲劇家，必須要有很豐富的知識。因此，他開始如飢似渴地研讀著哲學、文學、歷史等方面的書籍，也自修希臘文和拉丁文，利用每一秒鐘的時間，盡其所能地吸取書本中的養分。

日積月累的苦讀修練，使他蛻變成一個相當博學的青年。

一天，莎士比亞突發奇想，要是能在戲院裡謀個職就好了。可是，在戲院工作的機會不是太多，就算有，也根本輪不到他。

既然別人不給他機會，那就自己想辦法找機會吧！莎士比亞主動到戲院門口當馬伕，專門伺候前來看戲的紳士小姐們。一有乘車的貴客到了，他就趕緊迎上去拉住馬匹，繫好韁繩，賺取客人賞賜的微薄小費。日子一長，他和看門人混熟了，看門人特許他從門縫和小洞裡窺看戲台上的演出。莎士比亞相當珍惜這個得來不易的大好良機，一邊認真地看戲，一邊細心琢磨劇情和角色。

夜深人靜時，莎士比亞發憤研讀劇本，屋裡的燭火經常徹夜不熄。憑著自己勤奮的努力，莎士比亞很快掌握了許多戲劇知識。皇天不負苦心人，終於有一位知名演員看出莎士比亞的才華，邀請他到劇團裡演配角。

莎士比亞喜出望外，終於有機會可以實踐自己的藝術才能。

為了演好戲，他經常深入下層社會，觀察流浪漢、江湖藝人和乞丐。他花很多時間和周圍的各種人談心，學習他們的談吐方式，熟悉他們的生活習慣，體會他們的思考模式。這對他在演技上的提升，有很大的幫助。

雖然已經有著超乎常人的知識，莎士比亞還是覺得自己的知識太淺薄。他不放過任何一個增加新知的機會，在這樣的基礎上，他僅僅用了一年多的時間，就為劇團寫出了〈亨利六世〉等三部劇本，引起了戲劇界的注意，令他自己一炮而紅。接著，他又連續寫出了〈理查三世〉、〈錯誤的喜劇〉等膾炙人口的劇本，至今仍然無人可以打破莎士比亞創造出來的戲劇神話。

從莎士比亞的出身來看，他的人生不會有太多的希望，但是，他卻不斷地爲自己製造希望。

記得有一首歌寫道：「小小的夢想能成就大事，只要仰望上天的力量。小小的夢想能改變世界，帶來明天的盼望。」

缺乏物質的生活是辛苦的，沒有夢想的生活，則是乾涸的。

不管處在什麼樣的環境，我們都不能放棄心中的一點小小夢想。這些夢想可以讓我們忘卻今天的苦難，用喜樂的心情去期待明天的美好。

也許現實生活讓我們失去享樂的機會，但卻無法奪走做夢的權利。

所謂的做夢，不是抱著「我有一天會很有錢」、「我有一天會成功」之類荒誕不實際的夢想，而是要去想著：我將來要「成爲」什麼？我要「如何」去實現？

永遠不要對自己說「不可能」，而要問自己：「爲什麼不可能？」

相信自己，夢想的實現就在雙手裡。

虛心謙卑最能拓展視野

學習虛心，是一生的功課。保留予人批評論斷的雅量，把驕傲的自我縮小。

聽到別人一兩句批評，我們經常會認爲對方「侮辱了我的專業」。別人好心給我們一些意見，我們的第一個反應通常是：「你憑什麼來跟我說這些？你以爲你自己是誰？」

雖然我們表面上還是笑著，好像很謙虛很有禮貌一樣，但是我們的心裡卻還是忍不住覺得自己被輕看了、被刺傷了。

歸根究柢，這都是因爲我們缺乏了一顆謙卑柔軟的心。

羅丹是十九世紀中期以來最偉大的雕塑大師，許多他創作的作品，都是人類藝術寶庫中無與倫比的極品。

羅丹之所以能在藝術上取得傑出的成就，主要歸因於他從小勤奮好學。

小時候，羅丹家附近有個商販，總是用一些五顏六色的包裝紙包裝貨物。羅丹對這些包裝紙上的圖案很感興趣，經常照著紙上的人物或動物作畫。他的模仿技術之精巧，令父母和鄰居驚嘆不已。

為了讓羅丹可以充分發揮他的藝術天份，十四歲那年，父母把他送進巴黎的藝術學校學習。

這所學校裡有一位名氣很大的老師，叫作勒考克。他的教學方法有別於其他的藝術家，他讓學生臨摹他的作品，此外還要學生去博物館或大街上擴大眼界。

每天天還沒亮，羅丹就起床，先對著實物畫幾個小時的素描，然後才急忙趕去上學。晚上下課以後，羅丹就到博物館報到。

當時博物館裡有一門專畫人體的課程，他要在那裡畫上兩個小時。除此之外，他還必須抽空到圖書館、美術館觀摩古代的雕塑作品。

羅丹以超乎常人的毅力持續不斷地學習著，他說：「為了使我的學習不停頓，我每天要工作十四個小時，一秒鐘也不能少。」

羅丹也很懂得把握每一個向別人學習的機會，即使已經是一個被大家公認的天才藝術家，還是非常謙虛地廣納雅言。

一天，他在一根柱子上雕刻植物，對所雕刻的花和莖都很滿意，唯獨對葉片左看右看，總覺看不順眼。

雕了又修，修了又雕，反反覆覆來回了好幾次，就是不盡如人意。

這時，有個工匠在旁邊看著，忍不住說：「羅丹，你不要老是用一個方法雕，這樣看起來葉子是平的，不生動。你試試看讓每片葉子尖突出來的部分都對準你，這樣就生動多了。」

羅丹聽了，得到了很大的啟發，他照著工匠的話去做，果然，他的雕刻技藝又更上了一層樓。

即使是最有天份的藝術家，也需要不停地練習與持續地改進，才能獲得更輝煌的成果。羅丹不只懂得一個人埋頭努力，他更有一顆謙卑好學的心，像一塊海綿，不管是博物館裡的藝術品或是街上的人群，無一不是他吸收養分的來源。別人說的話，他十分願意傾聽。

雖然這是很基本的修養，但試問，眞的做得到的人有多少？

即使平凡如我們，也經常把自己放得很大。

學習虛心，是一生的功課。特別是在我們最自豪、最拿手的事情上，越是要保留予人批評論斷的雅量，把驕傲的自我縮小。

人生無涯，已經做得很好的事情，永遠都還可以做得更好。

前提是，我們要接受別人的意見，讓別人指出我們自己看不到的盲點，然後不斷地突破自己的視野，向前邁進。

每次嘗試都是成功的種子

很多時候，攔阻我們通往成功之路的，不是別人，正是我們的驕傲。所以，放下你的驕傲，去敲遍每一扇機會之門吧！

瓦魯瓦奇曾經寫道：「花草的茂盛與否，取決於根植的深淺，相對的，人生的成就如何，也取決於信心的強弱。」

信心是能否扭轉逆境的關鍵因素，一個人擁有多少自信，就能創造多少奇蹟。

遇到人生的各種逆境，如果連你都不相信自己沒有問題，那麼你當然無法突破自己的人生困境。

美國第四十任總統雷根的樂觀和自信，令人印象深刻。

他的這種性格，源自於他的少年時代。

當雷根還是一個小男孩的時候，有一次，父母把他鎖在一間堆著馬糞的屋子裡，想要他體驗一下生活的艱辛。

一段時間後，父母有些放心不下，就到屋裡去看他。

沒想到，面對著馬糞發出來的惡臭，小小年紀的雷根非但沒有哭鬧，反而興致勃勃地剷著那些馬糞。

他興奮地對父母說：「你們看，這麼多馬糞，我知道這附近的某個地方，一定有一匹小馬駒。」

就是這樣，雷根無時無刻不發揮他的樂觀性格。

雖然他的家庭從未富裕過，甚至經歷了幾次破產危機，但是在雷根的記憶中，他的生活仍是幸福美好的。

一九三二年，雷根大學畢業後，決定要在電台找份工作，希望將來有機會可以成為一名體育播報員。

雷根來到芝加哥，拜訪了每一家電台，但是都碰了一鼻子的灰。

一位在電台工作的女士好心提醒他，大電台是不會冒險僱用一名毫無相關經驗的新人的。

「但是你可以去小電台試試看，那裡可能會有機會。」她說。

於是雷根搭車回到家鄉，但那裡沒有電台，連地方小電台都沒有。

有一天雷根的父親告訴他，有家知名運動用品公司在鎮上開了家商店，需要一名當地的運動員經營它的體育專櫃。

雷根中學時期曾經打過橄欖球，於是他提出了申請，但卻沒有被錄取。

失望的雷根開始對未來感到茫然，但是他的母親鼓勵他說：「放心吧！最好的總會到來。」

雷根決定繼續朝播音員的目標邁進，他駕車來到七英哩外的愛荷華州，應徵WOC電台裡的一份工作。

然而，電台節目部的主任卻告訴他，他們才剛剛僱用了一名新人，目前沒有任何職缺。

雷根感到非常受挫，才剛走出辦公室，鬱悶的心情就一下子發作了。

他對著牆壁大聲地吼說：「我如果不能在電台工作，又怎麼能當上一名體育播報員呢？」

「等一等，你剛才說體育什麼來著，你懂橄欖球嗎？」節目部主任在辦公室裡聽到雷根說的話，急急忙忙地跑出來。

接著，他讓雷根站在一架麥克風前，憑想像試播一場比賽。

由於雷根出色的表現，他被錄用了。而且，他的職位不是電台裡的小職員，而是夢寐以求的體育播報員。

在回家的路上，雷根想到母親的話：「只要你堅持下去，總有一天會碰上好運，而且你會發現，要是沒有從前的失望，就不會有現在的好運。」

的確，只要能堅持下去，曾經經歷過的失望就都可以變成好運。

雷根相信：只要一個人有信心，知道自己該幹什麼，那麼就應該要勇敢地走出去敲遍每一扇機會之門。

很多時候，攔阻我們通往成功之路的，不是別人，正是我們的驕傲。

如果雷根不肯從小職員做起，如果非大電台不進，如果遭到別人的拒絕就放棄，那麼他又怎麼可能如願以償呢？

在沒有嘗試過之前，我們永遠不會知道什麼樣的機會才是眞正有利於自己。所以，放下你的驕傲，去敲遍每一扇機會之門吧！

被拒絕沒有什麼大不了，別人有選擇的權利。將就妥協也沒有什麼不好，別讓虛榮心矇蔽了你的眼睛。

人生的計劃表，可以打草稿，卻不可能事先設定好。你所選擇的道路會通往什麼樣的方向，可以想像，但卻沒有辦法保證。

那麼，爲什麼要放棄任何一個嘗試的機會呢？

看似毫無吸引力的小機會，也許就是引領你通往成功的第一步！

先順服，才容易勸服

每一個人都不喜歡被否定、被批評，想要讓別人聽得進你的話，就要先成為他的朋友，而不是敵人。

法國哲學家拉布呂耶爾說：「有時候，談話的妙處並不在於表達自己的想法，而是在引發別人的想法，讓他主動接受自己的觀點。」

溝通和說服是門藝術，不尊重別人感受與立場的人，不管擁有如何高深的學識，最終只會引起別人的討厭與嫌惡，很難達到目的。

約翰・亞當斯是美國第二任總統。

亞當斯小時候，父親規定他必須學拉丁文，但是，他覺得那是一件相當枯燥無聊的事。他對父親說：「我不喜歡拉丁文，能不能讓我做點別的事？也許我更適合去做其他的事呢！」

「好吧！親愛的孩子。」父親說：「我的牧場前面需要挖一條溝渠，既然你希望做些別的事情，不妨去試試看。」

亞當斯興奮地跑到牧場去挖溝渠，但才過沒多久，他就覺得挖溝渠是一件很辛苦的差事，不如坐在桌子前面學拉丁文舒服。

雖然亞當斯想要重拾書本，但是由於自尊心作祟，讓他不願意輕易低頭。好不容易又熬了幾天，勞累終於戰勝了自尊心，亞當斯決定乖乖地回到書房裡去學習「枯燥」的拉丁文。

類似這樣的事件層出不窮，亞當斯的父親對孩子的教育自有一套方式，很值得學習。由於童年的亞當斯非常不愛唸書，父親在失望之餘，直接了當地問他：

「你將來想要幹什麼，孩子？」

「當農夫。」年僅十歲的亞當斯毫無志氣地回答。

父親聽了，沒有罵他，只是說：「那好吧！我教你怎樣當農民。明天早上你跟我一起去渡口，幫忙我撿茅草。」

第二天一早，父子倆一起出發，他們沿著小河撿了一整天的茅草，弄得混身都是泥巴。回到家裡，亞當斯累壞了，對當農夫的熱情也銳減了。

這時，亞當斯的父親藉機問他：「你喜歡農夫的生活嗎？」

他希望自己的孩子已經學到教訓。然而，亞當斯的回答卻十分令人驚訝，他驕傲地說：「我非常喜歡！」

雖然亞當斯倔強的性格使他不肯輕易在嘴上示弱，但是從那天起，他開始認真讀書了。

亞當斯的父親深知「作用力與反作用力」的道理，通常越是禁止孩子去做某些事，他們越是要做，那麼不如讓他朝著自己想要走的路前進。很多事情，一定要親身體驗過才知道。

從父親教養孩子的技巧上，我們也學到了勸服別人的智慧。

想要扭轉別人的觀念，不能老是對他說「不」。

「不，你這樣想不對。」

「不，這個做法行不通。」

一味反對的效果通常不好，我們應該要表現出支持的態度，先軟化對方的心，得到對方的信任以後，再從他的觀點切入，加以說服。

例如：「當然，你可以去試試看，但是，你可能會遇到一些沒有想到的狀況……」、「是的，你有這樣的想法很正常，我要是你，說不定也會這麼想。但是我還有一些其他的建議，你要不要參考看看？」

想要讓別人聽得進你的話，就要先成爲他的朋友，而不是敵人。

每一個人都不喜歡被否定、被批評，所以你要先肯定他的想法，才能讓他接受你的好意。

發自內心幫助別人

莎士比亞在《威尼斯商人》裡頭寫道：「一枝小小的蠟燭，它的光照得多遠！一件善事也像這枝蠟燭一樣，在罪惡的世界裡發出廣大的光輝。」

一個人的生命必須是有助於社會的其他人，才會充滿喜悅和快樂。

如果人不懂得從幫助別人的行爲中獲得快樂，不管在物質的世界中，生活過得多麼優渥，都不能稱爲成功，也不能稱爲幸福，因爲他的精神層面是殘缺的。

人生的過程中必須有所給予，才能有所獲得，也唯有如此，才能拓展出生命的深度與廣度。

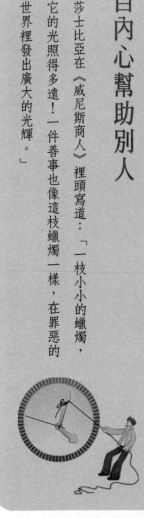

從前，有個國王非常鍾愛自己的兒子。雖然國王的寵愛和權力，使這位年輕王子輕易得到一切他想要的東西，然而他卻常常眉頭緊鎖，一副悶悶不樂的模樣。因此，國王便昭告天下說，只要有人能使王子快樂起來，就可以獲得豐厚的賞賜。

有一天，一個魔術師走進王宮，對國王說他能有方法使王子快樂起來。國王聽了很高興，說道：「假使你能完成這項使命，那麼，不管你要求什麼賞賜，我都可以答應。」

魔術師於是將王子領入一間密室中，拿出一張白紙，在上頭寫了幾個字。他把那張白紙交給王子，囑咐王子走入一間暗室，然後燃起蠟燭，注視著紙上呈現些什麼。

魔術師說：「只要你照著白紙上面的交代去做，你就會每天都感到快樂。」說完，魔術家就信心滿滿地走了。

這位年輕的王子遵照魔術師的吩咐，走進一間暗室，在燭光映照下，他看見那些白紙上浮現幾個字：「每天為別人做一件善事！」

王子半信半疑地遵照魔術家的勸告去做，不久他果然成為一個快樂的少年。

莎士比亞在《威尼斯商人》裡頭寫道：「一枝小小的蠟燭，它的光照得多遠！一件善事也像這枝蠟燭一樣，在罪惡的世界裡發出廣大的光輝。」

人生最需要的美德，就是發自內心去幫助別人。

善心是一切美德的根源，會使我們培養出坦白、誠懇、忠厚、寬恕……等等精神，可以說是一個人最彌足珍貴的心靈財產，勝過物質世界所有的有形財富。

倘使一個人能夠大徹大悟，盡心去為他人服務，他的生命一定會迅速昇華。最能滋潤一個人心靈的，莫過於培養一顆善良的心，養成愛人助人的習慣。

07

相信自己，寬容別人

美國詩人卡洛斯．威廉斯曾說：
「愛所具有的力量不就是寬恕嗎？
換言之，由於它的調停，
已經發生的事得以挽回。
倘非如此，它還有何益處？」

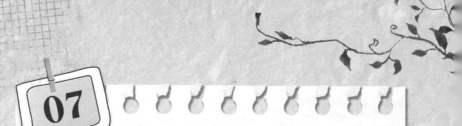

試著去做不喜歡的事

詩人朗費羅在《生命頌》裡寫道：「讓我們充滿樂觀的心情吧，憑著面對任何命運的心胸，不斷地進取，不斷地追求，學習苦幹和等候。」

人對現實環境的憎惡，往往會使內心充滿劇烈的痛苦，然而，現實環境如果無法改變，又無法迴避，我們只能選擇勇敢地面對那些令人不快的人、事、物。

阿拉伯有句諺語說：「為了玫瑰，也要給刺澆水。」

眼前的生活，或許是你不願意面對的，但是，如果你不能暫時忍受那些扎在心頭的芒刺，甚至，將那些芒刺化爲刺激自己前進的動力，又如何爲自己博得一座可以悠遊一輩子的心靈花園呢？

美國名作家海利·福士笛曾經述說，他在十五歲時發生的一件小事情讓他難以忘懷。

有一天早上，他的父親要到街上去，出門之時鄭重地對他的母親說道：「妳記得告訴海利，如果他喜歡的話，今天早上不妨將院子裡的那些雜草割一割。」

父親說完之後，走了幾步，又回頭補充說：「告訴海利，他最好試著去喜歡這項工作。」

父親的這番話既是命令，也是勸告——無論如何，海利·福士笛都必須到院子裡割除雜草，與其哭喪著臉去工作，倒不如歡歡喜喜地去履行這項命令。海利·福士笛遵照父親吩咐，試著用愉快的心情，做了一件他原本不喜歡做的勞動。

海利·福士笛回憶說，這件事對他極有幫助，父親的這句忠告不時在他腦海中縈繞。從此以後，不管做功課或是工作，他都牢牢記住父親的那句忠告：「最好試著去喜歡」。他原本很討厭寫作，但父親的忠告幫助了他，他試著去喜歡寫作，終於獲得了非凡的成就。

有位哲人曾說過：「每天要做兩樣我們所不喜歡做的事，這是對自己最好的訓練。」

世界上眞正令我們稱心如意的事情實在不多，所以，我們更應當學習適應逆境，如此人生才更有意義。

美國詩人朗費羅在《生命頌》裡曾如此寫道：「讓我們充滿樂觀的心情吧，憑著面對任何命運的心胸，不斷地進取，不斷地追求，學習苦幹和等候。」

有時候，以愉悅的心情，試著去做自己不喜歡的事。這種心境的轉變會讓你獲得意想不到的成功，就像海利．福士笛從討厭寫作，變成知名的作家一樣。

你的心境，決定你的處境

克服自己慾望的人，比征服敵人的人更為勇敢，因為，最艱難的勝利，就是戰勝自己的勝利。

——亞里斯多德

要有快刀斬亂麻的決斷力

英國哲學家羅素說：「假使人們在決定一些瑣事上，不要浪費太多的時間的話，那麼，他們一定能完成更多的事情。」

人生在世，一定要有快刀斬亂麻的決斷力，何必非得吹毛求疵，要求自己把每一件事情都做得盡善盡美？

對於一些無關緊要的生活細事，最快的決定就是最好的決定，人應該把寶貴的時間用在最值得花費的地方。

國際級大導演朱徹菲．亨利成名之前，在百老匯的舞台劇擔任換布景的角色，後來靠著自己的努力與決斷，一路晉升到第一流的電影導演。

他曾經說過一則發生在自己身上的趣事，提醒後輩必須注意「當機立斷」的重要性。

朱徹菲．亨利小時候，有一天祖母想要替他訂做一雙皮鞋，便興沖沖地帶著他前去一家皮鞋店。

當時，製鞋工業還不發達，一切必須仰賴手工，皮鞋店裡只有兩種款式供他選擇——一種是圓頭的，另一種是方頭的。朱徹菲．亨利對於自己究竟想要什麼款式的皮鞋舉棋不定，為了款式的問題，幾乎每天都到店裡去，但是每次都無法下定決心。

但是，當他猶豫不決的時候，這個性急的鞋匠已經迫不及待地開始動手了。由於他躊躇得太久，等到他終於做好決定之時，鞋匠已經把鞋子做好了——一隻是圓頭的，另一隻卻是方頭的。

朱徹菲．亨利回憶說，這雙令人哭笑不得的滑稽鞋子，他穿了很久，直到不能穿為止。後來，每當他感到猶豫不決的時候，就會想起這件事，提醒自己無論如何都要當機立斷。

英國哲學家羅素說：「假使人們在決定一些瑣事上，不要浪費太多的時間的話，那麼，他們一定能完成更多的事情。人往往因為拼命想把每一件小事都做得完美無瑕，因此在大事上總是一事無成。」

的確，我們往往把太多的時間浪費在決定一些可有可無的瑣事上，對於小事舉棋不定的結果，就是沒有時間去完成最應該做的大事。

敏捷的決定，通常會比曠日費時的反覆思考更爲正確，如果你對某事考慮過久的話，那麼偏見和一些不可捉摸的成見，將會把你導入歧途。我們常常可以見到，喜歡以很多時間來考慮問題的人，如果不是缺乏行動力，便是盡做一些愚蠢而不切實際的行動。

許多自認爲謹慎、追求完美的人，總是反反覆覆地爲一些瑣事浪費時間，往往連可以立即做出決定的事也要拖上好幾天，其實是消磨自己的時間、精力而不自知。

最敏捷的決定，往往就是明智的決定，考慮再三只會讓你一事無成。想要成就一番志業，就必須懂得當機立斷。

你的心境，決定你的處境

你們不能用思想移開路上的石頭，什麼事都不做的人，當然不會得到什麼結果。

——俄國作家高爾基

人腦比電腦還重要

著名的投資理財專家E．葛瑞斯曾經說：「現代人總是在比賽如何快速汰換過時的機器，卻從來不願意設法更新自己的腦袋。」

千萬別因爲外在條件的欠缺，而否定自身的能力和向上發展的可能。人最重要的，不是追求形式上的虛榮，而是擁有一顆解決困難的腦袋和腳踏實地的努力精神。

面對全球不景氣，每個人都想找一份穩定的工作，想到大公司任職的人更是擠破了頭。有一次，微軟公司刊登廣告徵求清潔工，失業了一年多的伊格爾也前去碰碰機會。

經過層層口試、面試，以及打掃等實際考核之後，伊格爾好不容易才從數千名應徵者當中脫穎而出。人事部門在告知他這項消息時，請他留下e-mail信箱，以便傳送錄取通知和其他相關文件。

累得滿頭大汗的伊格爾頓時顯得尷尬地說：「可是……我沒有個人電腦，也沒有e-mail。」

這個時代竟然還有人沒有e-mail？人事部門的人聽了相當驚訝，語帶歉意地告訴他：「對微軟來說，沒有e-mail的人，就等於是不存在的人，所以很抱歉，我們無法錄用你。」

在考核過程中努力打掃的伊格爾，雖然感到相當失望，但也只能無奈地走出微軟公司。這時，他的口袋裡只剩下十美元，眼看過完今天，明天就要斷糧了，必須趕快想辦法克服生活的窘境。

但是，伊格爾只是個勞工，教育程度不不高，在現實環境逼迫下，他只好採取最原始的賺錢方法。他搭便車到了郊區，走進一戶農家，把身上僅有的十美元全部買了馬鈴薯，然後請好心的農場主人開車送他回到城裡，便開始在住家附近挨家挨戶兜售馬鈴薯。

兩天之後，伊格爾終於賣光了所有的馬鈴薯，而且算一算，居然還賺了六十美元。有了這次寶貴的成功經驗，伊格爾不禁信心大增，相信只要肯腳踏實地努力，就一定可以走出自己的道路。於是，他更加認真地繼續做著類似的生意，不但掙錢養活自己，而且也累積一筆資金。

努力會創造運氣，誠懇實在的作風使得伊格爾的生意越做越大，五年之後，他建立了龐大的「宅配服務公司」，不僅擁有數十部貨車，還聘請了幾十名員工，一起從事新鮮蔬果配送服務。

當然，這時候，為了拓展業務和加強服務品質，他不但有e-mail，也架設了服務網站，以便收發來自各地的訂單和吸收最新資訊。

著名的投資理財專家E．葛瑞斯曾說：「現代人總是在比賽如何快速汰換過時的機器，卻從來不願意設法更新自己的腦袋。」

的確，很多人都誤以爲如果自己擁有了某些先進的工具，就代表著比別人更成功，能夠獲得更多的收入，因此汲汲於追求工具而忽略了提昇自己的競爭力。其實，這是本末倒置的錯誤想法。

因爲，工具本身不會思考，只會按照你的指令執行任務，最重要的作用只是在於協助自己增進工作效率，它無法使人變得更聰明，如果你一點都不想增進自己的智慧的話。

就像故事中的伊格爾，如果當初他擁有e-mail的話，或許可以僥倖地獲得一份工作，但是，如果不設法自我提昇，絕不可能開創出自己的一番事業。

你的心境，決定你的處境

蠢人的最大特徵是，他們常常相信，只要讓兩隻恐龍交配，同樣能夠生出一隻小羚羊。而且，這種蠢人在企業界特別多。

——管理學家湯姆．彼得斯

何必聯合敵人攻擊自己？

艾汀登．格魯斯說：「充滿自信的人，總是會對自己和他所接觸的人群，產生磁鐵一樣的影響力。」

人的精神煎熬往往來自於缺乏自信心。

在缺乏自信的狀態下，一旦知道自己的競爭對手是赫赫有名的明星級人士時，更會無端產生緊張畏懼的心理，認爲自己只不過是別人獲得掌聲的陪襯，根本毫無勝算可言。

著名的巴西球王比利縱橫球場的精采表現，至今仍在許多足球迷腦海留下深刻印象，但是，他在回憶自己的足球生涯時卻透露，年輕時候的他雖然擁有不錯的球技，卻嚴重缺乏信心。

比利說，當他得知自己被巴西最有名氣的桑托斯足球隊選上，進入職業球壇的美夢成真時，興奮之餘竟然焦慮得好幾個晚上無法成眠。

夜晚的時候，他總是躺在床上輾轉反側，胡思亂想著自己在球場上可能遭遇的挫敗情景：「我上場之後，那些著名的足球明星們一定會嘲弄我，故意找機會給我難堪，萬一全場的觀眾對我發出噓聲，我哪有臉回來見家人和朋友？」

想著想著，他開始恐懼起來：「那些足球明星為了要更加突顯自己，一定會使出絕妙的球技，把我當作戲弄的對象，我一定會被當成白癡，被他們耍得團團轉……」

懷著緊張恐懼的心情到桑托斯足球隊報到後，濃厚的自卑感依舊讓比利患得患失，陷入負面的想像無法自拔，認為自己絕對無法和那些自己敬佩的足球明星同台較量。

經過幾次練習之後，比利才稍微寬心地以為，像他這樣的新進球員在正式比賽中，肯定會坐冷板凳。誰知道球賽正式開始時，教練竟然將他排入先發球員名單，而且讓他踢主力中鋒。比利誇張地形容：「聽到這個消息，我嚇得差點全身癱瘓。」

比賽開始之後，比利仍舊緊張得全身不聽使喚，在接球、盤球和傳球時發生了幾次失誤。

但是過了幾分鐘，他開始習慣比賽節奏和場邊的吶喊聲，邁開雙腿飛速奔跑起來，漸漸發揮了自己的實力。在比賽快要結束時，他終於使出一記「倒掛金鉤」，為球隊攻下致勝的一分，滿場響起如雷的掌聲。

艾汀登．格魯斯說：「充滿自信的人，總是會對自己和他所接觸的人群，產生像磁鐵一樣神奇的影響力。」

就像比利一樣，大多數人之所以會產生緊張和自卑心理，癥結在於不相信自己的能力，不相信自己可以做得比別人好，滿腦子想著自己必定會遭遇失敗，失敗之後別人會如何幸災樂禍。這種負面心理正如同聯合敵人攻擊自己，怎麼能奢望僥倖獲得成功呢？

自卑的心理會壓抑一個人的天賦和自由自在的創造力，只有保持泰然自若的心態，相信自己，才能發揮超強的實力戰勝對手。

千萬要記住：如果你不輕視自己的話，那麼，就沒有人敢輕視你。

你的心境，決定你的處境

凡事必須要有勇氣和決斷，因為勝利並不是站在智慧的一方，而是站在自信的一方。

——拿破崙

相信自己，寬容別人

美國詩人卡洛斯．威廉斯曾說：「愛所具有的力量不就是寬恕嗎？換言之，由於它的調停，已經發生的事得以挽回。倘非如此，它還有何益處？」

對自己充滿信心當然是一件好事，可是，過度自信很容易變成自我膨脹，往往會蒙蔽自己的判斷能力，繼而影響行爲模式。

當一個人過於自信，認爲自己的所作所爲都是正確、錯誤都在別人的時候，結果不但傷害了別人，連自己也會受傷害。

古希臘著名的哲學家蘇格拉底是西方哲學鼻祖，他在四十歲那年娶十九歲的贊佩西為妻。

蘇格拉底深受希臘人敬仰，年輕的贊佩西則聰明漂亮，結婚之時曾被視為天作之合，可是令人遺憾的是，兩人的婚姻生活並不美滿。蘇格拉底寄情於哲學思想，引發了兩人種種嫌隙，致使原本性情開朗的贊佩西逐漸變得暴躁易怒。

贊佩西性格丕變，最後成為史上有名的「惡妻」，原因在於她覺得蘇格拉底婚前對她充滿欣賞與讚揚，但是婚後卻老是以自我為中心。

贊佩西無法從兩人關係的轉變中尋獲心理上的需求與慰藉，因此動不動就對蘇格拉底大發雷霆，以此來宣洩她的滿腹不滿。

久而久之，兩人失去了昔日的恩愛親密，贊佩西的種種惡行自然使她被冠上「惡妻」的名號。

最後，夫妻之間「相敬如兵」的相處模式，竟然讓蘇格拉底留下一句名言：「如果你娶到一位好妻子，那麼你將得到終身的幸福；如果你娶到一位惡妻子，那麼你就會成為一個哲學家。」

美國詩人卡洛斯．威廉斯曾經這麼說：「愛所具有的力量不就是寬恕嗎？換言之，由於它的調停，已經發生的事得以挽回。倘非如此，它還有何益處？」

自信是成功的必要條件，可是過度的自信卻會漠視別人的感受，成爲人生路上的絆腳石。

正如蘇格拉底的例子，他其實娶到了一個聰明又能幹的妻子，可惜他不能像婚前一樣欣賞妻子的優點，忽略了夫妻相處之道，結果造成妻子不快樂，自己也不幸福的下場。

由此可知，眞正的自信不是只肯定自己的表現就夠了，還必須懂得寬容別人。勇於坦承自己的不足，並且學習如何欣賞別人的優點，才是一種自信的積極展現。

你的心境，決定你的處境

婚姻是魔鬼、烈火、天堂和地獄。快樂和痛苦，悲傷和後悔都居住在那裡。

——巴恩費爾德

多用心理力量鼓勵自己

法國哲學家沙特在《存在主義與人道主義》中說：「只有當人成為他所打算成為的東西之時，他才是真正存在著。」

據說，人終其一生所使用的大腦面積最多不會超過三分之二。這表示人類的內在蘊藏著無限的可能，可惜的是，人很容易忽略或不相信自己的能力，因此無緣去使用其餘的三分之一。

如果自己的內心老是貶低自己，總是想像著最壞的情形會發生在自己身上，而不願積極開發自己的潛能，那麼結果不但會跟你自己想像的一樣壞，甚至還可能更糟。

古時候，有個國王生性非常殘忍，每當要處決死刑犯時，總要絞盡腦汁想一些新的花招來滿足自己的嗜血癖好。

有一次，一個死刑犯即將被處死，這個嗜血的國王又想出了一個殘酷的方法，並且故意透露行刑的方式是在死刑犯手臂上割一大道傷口，然後讓他全身的血液流盡而死。

這個犯人聽到消息之後內心十分恐懼，可是，不管他如何聲淚俱下地苦苦哀求，國王還是不願改變行刑的方式。

第二天清晨，死刑犯胡亂吃完最後的早餐，便被帶到一個精心設計的房間。房間有一面牆上，牆上鑿了個小洞，剛好可以容納一條手臂穿過。

劊子手把死刑犯銬鎖在牆上，讓他的一隻手從小洞中穿過，然後走到牆的另一邊，用刀子在他的手臂上割了一刀，並且在下面放了一個瓦罐來盛裝血液。

死刑犯聽到自己的血液「滴嗒」、「滴嗒」地滴到瓦罐中，開始覺得似乎全身的血都經由那條手臂流出，而且越來越快速地流失。

沒過多久，死刑犯的意志逐漸消失，最後終於無力地垂下手臂死了。此時，一直在一旁冷眼旁觀的國王，不禁發出既得意而又殘酷的笑聲……

國王為何這麼得意地笑呢？

原來，這個犯人手上根本就沒有傷口，劊子手只不過用刀背假裝在他手上用力劃了一刀，然後在旁邊的桌子上放了一個水瓶，讓水瓶中的水發出「滴嗒」、「滴嗒」的聲音。

但是，這種強烈的心理暗示，卻讓犯人自己殺死了自己。

法國哲學家沙特在《存在主義與人道主義》中說：「只有當人成為他所打算成為的東西之時，他才是真正存在著。」

故事中的國王固然殘酷，但是，死刑犯之所以會死於非命，難道不是由於自己不斷在內心灌輸負面的想像嗎？

我們常常透過媒體報導，見到許許多多曾經遭遇困境但最後終於獲得成功的人士。這些人的共通特質都是「相信自己」；正因爲相信自己一定做得到，所以不管經歷過多少次失敗的打擊仍然毫不退縮，這正是心理力量的積極展現。

因此，只要善用自己的心理力量，不斷地鼓勵自己，那麼無論遇到任何困難，都無法打敗你。可千萬別像故事中的死刑犯，因爲恐懼而活活把自己嚇死。

你的心境，決定你的處境

人並不是生來要給人打敗的，你儘可以把他消滅，可是就是打不敗他。

——海明威《老人與海》

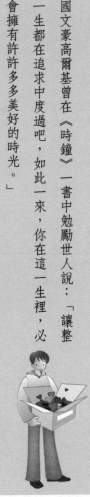

只要有決心，一定來得及

俄國文豪高爾基曾在《時鐘》一書中勉勵世人說：「讓整個一生都在追求中度過吧，如此一來，你在這一生裡，必定會擁有許許多多美好的時光。」

在今天這個迅速飛快的時代，我們常常覺得整天忙碌不堪，沒有時間來完成自己內心想要做的事，因而逼迫自己放棄種種念頭。

但是，世界上有很多人卻憑著決心和毅力，像衛爾佛列．柯亨一樣，每天騰出一個鐘頭來彌補自己的缺憾。

衛爾佛列．柯亨是世界知名的大製衣商。他從學徒開始做起，辛苦奮鬥了四十年後，建立了龐大的製衣王國，但是，他一直覺得自己的生命還有缺憾，因為他有一個願望一直無法達成。

衛爾佛列．柯亨小時候的願望是當個畫家，不過，因為家境貧窮無法走上畫家之路，事業有成之後，又因為商務繁忙，無暇培養這項興趣。為此，他感到相當遺憾。到了六十歲生日那天，他終於下定決心每天要花一個鐘頭學習繪畫，並且強制自己不管怎樣忙碌也要撥出時間來。

他每天清晨五點起床，一直繪畫到早餐時間為止。這樣從不間斷的努力，幾年之後，衛爾佛列．柯亨有了驚人的成績，繪畫作品獲得藝術評論家的好評。

他參加過不少次畫展，得過幾個獎項，也舉辦過個人畫展，並且高價賣出好幾幅作品。後來，他更成立基金會，專門獎勵有志從事繪畫的窮苦青年。

假如你每天挪出一個小時從事自己最感興趣的事，那麼，一年就有三百六十五個小時是真實屬於自己的。

當然，這不是一件容易的事，必須下定決心才行；訣竅就在於如何找到那一個鐘頭，然後再加以妥善運用。

俄國大文豪高爾基曾經在《時鐘》一書中勉勵世人說：「讓整個一生都在追求中度過吧，如此一來，你在這一生裡，必定會擁有許許多多美好的時光。」

只要你每天抽出一小時去做自己想做、平常又沒時間做的事，最後一定會有所斬獲，縱使成就不多，至少有機會彌補自己的缺憾。

千萬不要再用抽不出時間來當作欺騙自己的藉口，讓你尚未完成的願望最後成爲一生的抱憾。

千萬要記住，只要有決心，一切還來得及。

你的心境，決定你的處境

一個崇高的目標，只要矢志不渝地追求，最後就會成為壯舉；在它純潔的目光裡，一切美德必將獲勝。

——英國詩人華滋華斯

小心朋友變成敵人

德國詩人海涅曾說：「坦直批評別人的人，即使不因此而被懷恨，至少也不可能受到別人歡迎。」

在社會上，人與人之間的交往是十分複雜的，往往一不小心，知心的朋友就翻臉變成了仇敵。

多一個朋友，不管做什麼事，就多了一分幫助；多一個仇敵，行事就會多一分牽制。如果你不願處處受到牽制，希望自己一帆風順，那麼，就應該多結交朋友，避免製造仇敵。

如果你想建立和諧而廣泛的人際網絡，那麼就得每天反省自己的言行，是不是因為一時的意氣，得罪別人而不自知。

建立良好人際關係的第一守則是：除非是彼此相知甚深的好朋友，否則千萬不要當面指出別人的錯誤。因為，這個世界上很少有「聞過則喜」的聖人，絕大多數是經不起批評的世俗庸人。

如果你自認為個性直率，當面指出別人的錯誤，不但不能改了別人的意見，反而會使對方惱羞成怒，對你產生極度的反感，搬出一大套道理來和你爭論，死也不肯認錯。

縱使對方虛心地向你道謝，也必定會懷恨在心，認為「你又有什麼了不起」，而想要伺機加以報復，因為你的直率冒犯了他們的虛榮和自尊，使他感到難堪。千萬要記住，當面指責他人的錯誤，就等於是公開宣佈他的罪狀，是人際交往的一大禁忌。

或許，你會認為用眼神、聲音和肢體語言等來暗示別人犯錯了，會比用言語明示婉轉一些。其實，這類暗示的效果也和言詞明示相去不遠，只會傷害彼此的感情，何必去做這種蠢事？

德國詩人海涅曾說：「坦直批評別人的人，即使不因此而被懷恨，至少也不可能受到別人歡迎。」

不管用什麼方式，只要你去指出別人的錯誤，那等於對他說：「我比你高明，所以，你應該聽我的話糾正錯誤！」

這無異是向別人的自尊挑戰，自然難以建立和諧的人際關係。既然如此，你又何必去做自討苦吃的傻瓜呢？

你的心境，決定你的處境

任何人都無法公正地訓斥或指責他人，因為事實上，並沒有人真正地了解別人。

——T．布朗

08

三心兩意
必然一事無成

幽默作家蕭伯納曾說：
「人生真正的成功與歡樂，
是致力於一個自己認為是偉大的目標。」

改變心情，坦然面對人生

法國文豪羅曼羅蘭在《約翰·克利斯朵夫》裡寫道：「痛苦這把犁刀一方面會割破你的心，一方面也會掘出了生命的新水源。」

《魯賓遜漂流記》作者笛福曾說：「我們今天所愛的，往往是我們明日所恨的；我們今天所追求的，通常是我們明日所逃避的；我們今天所願望的，往往是我們明天所害怕的，甚至是膽顫心驚的。」

的確，一個眞正懂得主宰自己生活的人，絕不會因爲一時的命運起伏而悲傷，反而會設法轉換自己的心境，努力活出生命的喜悅。

人在現實生活中遇到一時無法解決的困頓、挫折時，往往會受制於面子或自尊，強要自己咬緊牙關來承受這些困頓與挫折，可是結果卻常常造成身心都蒙受創傷。其實，適時地放過自己，爲自己轉換個調養身心的環境，避開某些不必要繼續面對的挫折，才是眞正的生活之道。

一八一六年三月，風光明媚的春天正要降臨英格蘭，但是，著名的桂冠詩人拜倫的生命卻在這時進入了嚴冬。

首先是由於個性不合，使得二十九歲的拜倫與結婚剛滿一年三個月的妻子宣告分居了。

他雖然深愛著妻子，這樁婚姻也被文壇傳為佳話，但是婚後，他與妻子兩人之間卻出現齟齬，而且爭吵卻越演越烈，不得不暫時分居來沉澱彼此的心境。

分居之後，生性浪漫而又多愁善感的拜倫，飽受劇烈痛苦煎熬。心情的頹唐萎靡導致言行的放蕩不羈，使他招來許多批評與攻擊。

接踵而來的，他因為在詩中譏諷資產階級的婚姻狀態，而遭到許多衛道人士群起圍剿。此外，由於他又寫了一首短詩讚美從厄爾馬島逃脫的拿破崙，而被有心人士貼上賣國賊的標籤。

這時的拜倫成了「全民公敵」，報紙和輿論對他齊聲譴責，他也經常在公開場合遭到侮辱謾罵，幾乎沒有朋友願意跟他說話，他的處境到了幾乎被整個英國社會唾棄的地步！

一八一六年四月底，受到重重打擊的拜倫選擇乘船前往義大利，黯然離開英國。然而，就在他幾乎要放棄自己的生命與創作的時候，他卻幸運地結識了另一個偉大的浪漫主義詩人雪萊。

經過雪萊不斷地鼓勵，拜倫開始振作，終於在一八一八年寫出了偉大的長篇諷刺史詩《唐璜》，成為舉世聞名的大詩人。

法國文豪羅曼羅蘭在《約翰·克利斯朵夫》裡寫道：「痛苦這把犁刀一方面會割破你的心，一方面也會掘出了生命的新水源。」

在人生遭遇挫折的時候，當然必須設法鼓舞勉勵自己，不過，在鼓舞勉勵完自己之後，應該靜下心來評估這些挫折會對自己造成何種程度的傷害，問問自己是不是可以承受和克服。

如果一時之間無法克服，不如選擇暫時迴避，因爲，勉強自己忍受過多而不必要的打擊，只會使自己產生喪失信心的反效果。

因此，在遇到無法解決的挫折時，設法轉換環境與改變心情，並不是缺乏勇氣的表現，而是開闢另一條通往成功道路的開始。

你的心境，決定你的處境

如果毀滅人的一切夢想和幻想，大地就會喪失它的種種外形和色彩，我們也全都睡在陰鬱的愚鈍之中。

——法國作家法朗士《黛伊絲》

承擔風險，是肯定自我的表現

丹麥作家勃藍斯說：「想發現新大陸的人可能遇上暗礁而擱淺，但是，如果他選擇避開暗礁，就永遠無法發現新大陸。」

法國文豪大仲馬曾經在他的著作中寫道：「未來有兩種前景，一種是猥猥瑣瑣的，一種是充滿理想的。上蒼賦予人自由的意志，讓人可以自行選擇，你的未來就看你自己了。」

人生本來就充滿選擇，如何面對發生在自己眼前的事情也是一種選擇，你的抉擇將決定你未來的人生面貌。

大家都知道掌握機會的重要性，但是，並不是每個人在機會來臨之時都有膽量及能力好好加以把握。

從許多事例中，我們不難得知，成功的人之所以會成功，除了平時不斷累積努力成果之外，也必須具備承擔風險的勇氣。

三洋電機的創辦人井植薰是個深具冒險犯難精神的企業家，事業有成之後，僱用一名園藝師替他整理家中庭院。

某個夏天早上，這位園藝師見到井植薰在庭院散步，不禁向他抱怨說：「社長先生，您的事業就像院中的花草樹木欣欣向榮，可是，我活了將近五十歲，至今仍然像依附在樹上的蟬一般餐風飲露，實在太沒出息了。您能不能告訴我一些創業的訣竅呢？」

井植薰點點頭說：「好吧，我看你對園藝方面的事務相當專精，恰好我工廠旁邊有塊兩萬多坪的空地正荒置著，不如我們合作種些樹來賺錢！一棵樹苗要多少錢？」

園藝師回答：「四十元。」

井植薰又問道：「如果以一坪種兩棵來計算，扣除道路的面積，兩萬坪地大約可以種二十五萬棵，樹苗的成本剛好一千萬元。三年後，一棵樹可以賣多少錢？」

園藝師計算了一下，回答：「大約三百元。」

井植薰計算了一下，認真地說：「那麼，樹苗成本與肥料費全部由我來支付，你就專門負責澆水、除草和施肥方面的工作。如此一來，三年之後，我們的利潤就至少有六千萬，到時候我們一人分一半。」

沒想到園藝師聽到這個天文數字卻手腳發軟，連忙搖頭說：「哇！這麼大的生意我實在沒膽量做，不如就算了吧。」

丹麥作家勃藍斯說：「想發現新大陸的人可能遇上暗礁而擱淺，但是，如果他選擇避開暗礁，就永遠無法發現新大陸。」

故事中的園藝師，即使在自己最擅長的領域中還是沒有勇氣更上一層樓，這種不敢勇於做夢的行徑，不但顯示他沒有承擔風險的勇氣，更表現出對自己能力的不信任。

承擔風險，其實是一種肯定自己能力的表現，因爲只有具備足夠的能力，面對風險時才得以從容的解決。

平順的道路不能讓你成長，只會讓你安於現狀，而安於現狀的人，最後通常一事無成。

你的心境，決定你的處境

太膽小是怯懦的表現，太大膽是魯莽的行為，至於勇敢則是適得其中。

——塞萬提斯《唐吉訶德》

三心兩意必然一事無成

幽默作家蕭伯納曾說：「人生真正的成功與歡樂，是致力於一個自己認為是偉大的目標。」

擁有明確的人生目標，才會激發出前進的動力。目標會給一個人帶來希望和熱情，而這兩種感覺都在通往成功的路上扮演著重要的角色。

訂立明確目標，不但是邁向成功的第一步，往往也是左右成敗的重要關鍵。

有一個獵戶為了提早讓三個兒子熟悉狩獵生活，某天便帶著他們來到草原，從練習獵捕野兔開始。到達目的地之後，父親開始巨細靡遺地教導他們打獵的技巧，以及過程應該注意什麼事項。

等到講解完畢，三個兒子摩拳擦掌即將進行狩獵前，父親又向他們提出了一個問題：「你們向前看，然後告訴我，你們看到了什麼。」

大兒子只向前看了一下，便信心滿滿地回答說：「我看到了爸爸、大弟、小弟、野兔，以及一片大草原。」

父親聽了不說話，只是搖搖頭。二兒子仔細看了一會，回答說：「我看到了一望無際的草原，我手上的獵槍，以及正在草原上奔跑的野兔。」

父親聽完，還是搖搖頭。

又過了一會兒，三兒子才轉頭回答說：「我眼裡只看到野兔。」

父親聽了，這才露出微笑說：「你答對了。」隨即告訴另外兩個兒子說：「想要打獵，就要全神貫注，眼中只能有獵物存在。」

幽默作家蕭伯納曾說：「人生真正的成功與歡樂，是致力於一個自己認為是偉大的目標。」

故事中的父親爲什麼要告誡兒子「打獵時必須全神貫注，眼中只能有獵物存在」？這是因爲，過多的目標會分散自己的注意力，讓自己不能夠專一，容易受到眼前雜物的影響而三心兩意，結果必然一事無成。

當你開始執行某項計劃之時，要清楚地決定自己無論如何都想完成的目標，一旦下了決定，就必須努力貫徹自己的意志，這是才是邁向成功的不二法門。

不管做什麼事都一樣，想要有所成就，就必須摒除擾亂自己意志的雜念，專心一意地朝自己設定的目標前進。

你的心境，決定你的處境

人生最寶貴的東西是什麼？自己認準的路，不管誰說什麼，都要挺起胸膛走到底。

——池田大作《青春寄語》

不要活得像隻可憐的寄生蟲

法國哲學家沙特在《存在主義》裡說：「要使每個人成為自己現實的主人，把每個人存在的責任，全部放在它的肩膀上。」

人與人之間需要互助合作，但是，絕不能因爲別人的幫助而產生依賴他人的習慣。

喜歡依賴別人的人，通常都是由於懶惰或缺乏自信所致。懶惰的人不願意腳踏實地去工作，只會如同寄生蟲一般依附他人，並且試圖以巴結、阿諛、迎逢來換取別人的協助。

這樣的人不但可恥，而且可憐又可悲。

至於缺乏自信的人，是因爲凡事都沒有自己的主張，既不敢放手去做，也不知道該從何著手。要改變這種壞習慣，最好的辦法就是建立自己的信心，培養獨立自主能力。

有一隻百靈鳥在麥田裡築巢，哺育著幾隻小鳥。

有一天，母鳥從外面覓食回來，小鳥慌慌張張地告訴她說：「剛才農夫來巡視麥田，喃喃自語地說麥子已經成熟了，要請鄰居來幫忙收割。我們還是趕快搬家吧！」

母鳥一點也不以為意，回答說：「沒有關係，我們還可以住下去。」

過了幾天，小鳥又慌張告訴母鳥說：「農夫剛才來巡視時又說，因為請不到人幫忙，所以他準備自己來割麥。」

母鳥聽了連忙說：「這下子，我們就非馬上搬家不可了。」

自己的事要靠自己完成，千萬不要有依賴他人的想法。

法國哲學家沙特在《存在主義》裡說：「要使每個人成為自己現實的主人，把每個人存在的責任，全部放在它的肩膀上。」

自助的眞實意義，是清楚認知本身的能力，而且充滿自信和決心，發揮自己的力量來創造自己的幸福。一個人在世上，究竟是受到重視或蔑視，完全取決於他是否能獨立行動；不能當機立斷去主宰自己生活的人，勢必永遠成爲別人鄙視的寄生蟲。

你的心境，決定你的處境

最輝煌的勝利和最悲慘的失敗，不是掌握在別人手中，而是操縱在自己的手裡。

——柏拉圖《法律篇》

黃金歲月就在你的前方

莎士比亞曾說：「堅持不懈地前進，才能保持榮譽；罷手不幹，變會向一套久擱生銹的盔甲，這時的樣式，會成為世人揶揄的資料。」

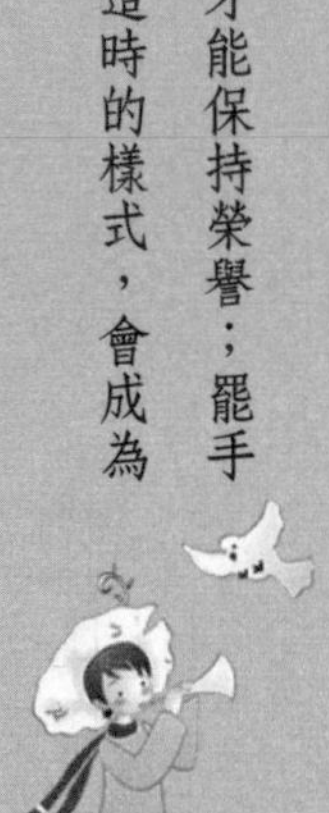

在日常生活中，我們可以看到許多人一遇見困難，就乾脆自己先打退堂鼓，忙著給自己找台階下，理由是：何必爲難自己呢？

試都不試就先打退堂鼓，這種行爲簡直是瞧不起自己，無疑是告訴別人自己是個怯弱、畏縮、缺乏自信的傢伙。

英國牛津大學有位著名的教授名叫李費，是享譽歐洲的知名學者。每次他走進教室上課的時候，不管裡頭有沒有女學生，都習慣用「紳士們」作為起頭。

這個習慣讓一群響應女權運動的女學生十分反感，認為他嚴重漠視女性的存在，有違兩性平等原則，決定聯合起來捉弄他，讓他難堪。

有一天，李費教授上課之前，這些女學生強迫驅離所有的男學生，只留下一個男生在教室，準備看李費怎麼應付這種局面。

上課鐘聲響後，李費教授一如往常走進教室，見到裡頭只有一個男生，其餘全是女學生，嗅出氣氛不太對勁，知道這群女學生故意要和他過不去，於是不急不徐地改口說：「這位可憐的紳士……」然後若無其事地繼續上課。

莎士比亞曾說：「堅持不懈地前進，才能保持榮譽；罷手不幹，便會像一套久擱生銹的盔甲，這時的樣式，會成為世人揶揄的資料。」

人生的黃金歲月在我們的前方，而不是在我們的背後。李費教授的行徑，給我們的啓示是——當我們朝著自己的人生方向前進的時候，不管別人如何和自己過不去，只要我們能堅持到底，最終必定會獲得勝利。

就像獵人的目的不在於跟蹤獵物，而是將牠們捕獲，做事的最基本原則是貴在恆心與堅持，與其開場之時風光熱鬧，不如落幕之時有所獲得。

相形之下，那種勇往直前，鼓勵自己再忍耐一下，縱使遇到挫折也不氣餒的進取精神，著實令人欽佩。

你的心境，決定你的處境

我並不埋怨上天的手段或用心，我一點也沒減少我的希望和熱情，我仍舊要向上，向前邁進。

——英國詩人彌爾頓

朋友以互惠為原則

心理學家愛德拉在他所著的《人生真諦》一書中說：「不肯關心別人的人，不但自己做人處處感到棘手，甚且是害群之馬，古今人類的失敗者，多半是這一種人。」

威爾·羅傑斯曾經寫道：「平日多結交一些在關鍵時刻對你有幫助的人，因為，這些人很可能會成為你面臨危機時刻，向你伸出援手的貴人。」

人際關係是一種無形資本，一個人想要成功，很多時候並不是取決於本身擁有多少能量，而是在於面臨成敗的關鍵時刻，到底有多少「派得上用場的朋友」願意向你伸出援手。

朋友以互惠爲原則。人唯有用關心自己的天性用來關心別人，才可能在人生道路上左右逢源，走得更加平順穩健。

有許多人一路走來跌跌撞撞，人生盡是愁苦、顛沛、失敗，原因往往就在於他們只知道求別人關心他，自己卻不肯關心別人。

人際交往是互動的，付出什麼就得到什麼。你尊敬別人，別人自然而然也會尊敬你；你處處關懷別人，別人自然也會處處爲你設想。

戴爾．卡耐基是國際知名的激勵作家，經常應邀到各地演說，深受各階層人士歡迎。

有次，演說結束後，一個年輕人請教他：「卡耐基先生，你為何能建立如此廣泛而良好的人際關係？」

卡耐基回答說，他常常耗費許多時間，調查朋友們的生日。當他初次與陌生的朋友見面時，會先設法使他們相信生日與一個人的性情、命運有關，然後隨口探問一下他們是生於某年某月某日。

這種方法每每能使陌生的朋友說出自己的生日，卡耐基聽完便暗記在心中，回家後記在筆記簿裡。每到了朋友生日那天，他就會專程寄上卡片或拍電致賀。

卡耐基最後提醒這位年輕人：「不論如何都必須記住，人最關心的人是自己，這是人類的天性。」

曾經有個有趣的統計資料指出，人在講話的時候，嘴裡最常說的字是「我」，而且遠遠超過其他字眼。

其實，豈只是講話，如果我們仔細觀察生活中的若干事情，都不難發現，人往往先顧到自己，然後才會考慮到別人。譬如，拿起一張團體照片，一般人的眼光最先注意的，毫無疑問的必定是自己！

但是，在團體社會中，過分顧及自己的人是不受歡迎的，自私自利、虛情假意的人，永遠也交不到眞心的朋友。

如果你只想利用別人替自己作牛作馬，別人有事相求時，卻擺出一副不干己事的臉孔，那麼，以後就不會有人再幫助你了，即使有一天你走投無路，或者陷入困境無可奈何的時候，也不會有人對你伸出援手。

心理學家愛德拉在他所著的《人生眞諦》一書中說：「不肯關心別人的人，不但自己做人處處感到棘手，甚且是害群之馬，古今人類的失敗者，多半是這一種人。」

這眞是一句至理名言，值得我們深深牢記在心。

你的心境，決定你的處境

世界上用得最普遍的名詞是朋友，但是，最難得到的也是朋友。

——法國諺語

改變心境就能改變人生

古羅馬大哲學家奧理略曾說：「人的一生，是由他的想法創造所成。當我們抱著幸福和快樂的思想時，就會過得幸福和快樂。」

生命流程中的諸多煩惱，都是從不健全的思想滋生。煩惱，不僅會使心靈變得晦澀、陰暗、憂鬱、愁苦，而且會使身體變得越來越孱弱。

大多數個性堅強的偉人，成功秘訣就是，不管遭遇到什麼不堪的逆境，絕不會讓自己的心裡生出絲毫層陰影，因此，他們才能渡越人生的苦海，到達幸福的彼岸。

有一個自殺未遂的人，出院之後內心依舊充滿陰霾和沮喪，後來聽從朋友的勸告，到某個幽靜的鄉野去轉換心境。

可是，生活的環境雖然改變了，他的心境卻沒有因此而改變，想要自殺的念頭仍舊十分強烈。正當他徘徊在生與死的人生歧路時，有一天，信步走進一座教堂，恰好聽見牧師在講道，說了一句改變他命運的話：「戰勝自己內心的人，就等於得了一座城。」

他聽了，心弦一震，若有所思地回家。無意間聽到的這句話，使得他的心境豁然開朗，從此放棄了自殺的念頭，過著安詳寧靜的生活。

古羅馬大哲學家奧理略曾說：「人的一生，是由他的想法創造所成。當我們抱著幸福和快樂的思想時，就會過得幸福和快樂。」

曾經叱吒風雲、席捲歐洲的拿破崙，當他兵敗滑鐵盧，被放逐到聖哈勒拿島之後，曾經相當感慨地說：「我的一生當中，連六天的幸福日子都未曾有過。」

但是，天生既聾又盲，受盡人世折磨的教育家海倫凱勒，經過不斷奮鬥後卻說：「我已經感覺出人生是何等的美。」

其實，這兩種觀感都是心念不同所致。

美國心理學家威廉·詹姆斯博士說：「人生的快樂，完全是在於人的心理。只要你認為自己是愉快的，那就一定會愉快起來。尋求人生快樂的唯一之道就是如此。」

所以，要深深記住，幸福和快樂其實來自內心對現實生活的感觸，只要你肯改變自己憂鬱、愁苦、沮喪的心境，就會改變人生，找到屬於自己的幸福快樂。

你的心境，決定你的處境

幸福生活在很大程度上必然是恬靜的生活，因為真正的快樂，只能存在於恬靜的氣氛當中。

——英國思想家羅素

信任別人，日子才會過得安心

美國心理分析專家弗洛姆說：「彼此信任才會產生愛，不常信任別人的人，也就不常愛人。」

英格蘭大政治家狄斯雷利曾經說：「肯相信別人的人，比不肯相信別人的人差錯少。」

因爲，當別人信任我們的時候，我們心中自然而然就會充滿著被信任、被肯定的喜悅。相同的情況，當我們試著去信任別人之時，無疑也正在激發別人正面性格的成長。

美國激勵作家賈孚八歲的時候，有一天，他的母親帶他前去觀看馬戲團表演。當他見到空中飛人在高空中飛來盪去，雖然驚險萬分，卻又準確無誤地抓住對方盪過來的鞦韆，不禁佩服極了。

他疑惑地問母親說：「他們不會害怕嗎？」

他的母親轉過頭來，輕聲地說到：「不，他們不會害怕，因為他們彼此信任，曉得對方靠得住。」

後來，賈孚每次遇到人與人之間的信任難題，不禁想到那些空中飛人——正是因為他們彼此都顧到對方的安全，所以才能放心地做這項驚險的表演。

賈孚說：「空中飛人雖然英勇，並且訓練有素，然而，這種表演是生死間不容髮的，要是沒有信任對方的心理，絕對無法做出那麼扣人心弦的驚險動作，人與人交往的道理也是如此。」

人活在世上就必須學會信任別人。

信任有如人際交往中的水和空氣；我們如果不信任別人，便會戴上虛偽的假面具，無法誠懇對待別人。一旦戴上虛僞的假面具，心裡就會一天到晚提防別人，而活在懷疑、恐懼、焦慮之中。

美國心理分析專家弗洛姆說：「彼此信任才會產生愛，不常信任別人的人，也就不常愛人。」

他一再提醒世人，要想受人愛戴，就必須先要求自己信任別人，不要處處提防別人。

雖然，人難免會因爲一時無法辨別好人或壞人而吃虧上當，但是，人的本性是無法作假的，虛僞狡詐的人只能騙人一時，不能騙人永久。信任可以說是人際關係的通行證，那些不願意信任別人的人，永遠也得不到別人的信任。

你的心境，決定你的處境

我珍惜自己的朋友，如同財迷珍惜他的珠寶，因為智慧所賜予我們的所有東西中，沒有一樣比友誼貴重。

——阿雷蒂諾

09

勇敢把自己的缺點秀出來

英國小說家傑羅姆在《閒人閒思》中寫道：
「我們是通過各自的缺陷和弱點，
而不是通過各自的優點，
才相互產生交流和共鳴的。」

制定短期目標，才能完成長期目標

美國激勵大師戴爾．卡耐基曾說：「一個目標達到之後，馬上立下另一個目標，這就是成功的人生模式。」

目標確立與否，對一個人能不能成功，扮演著十分重要的作用。但是，一個偉大目標的達成，往往需要經過一段相當漫長的時間，不是一蹴可幾的。

因此，在通往長遠目標的過程中，如果能加以拆解，分別制定出一些短期目標，不但對於達成最後的目標有所幫助，也能使自己不至於因爲漫長時間的煎熬而逐漸留失了熱情。

某一年的夏天，有一個衣衫襤褸的年輕人，常常落寞地站在車水馬龍的紐約街頭，毫無目的地張望著眼前不斷流晃的景物。

然而，熙來攘往的人潮、車潮和周遭繁華的街景，絲毫無法引起他的興致，因為他由於和上司吵架，被報社開除，到其他報社求職又四處碰壁，失業將近半年了，生活正陷入窘境。不過，心性高傲的他很不甘心，打從心裡就抗拒從事那些卑微的工作來改善目前的處境。

這一天上午，這個年輕人又為了逃避房東催繳房租的苛薄言語，漫無目標的在街上遊蕩。就在中午時分，突然有一個衣冠楚楚的人叫住了他，他連忙轉頭一看，原來是自己當記者時認識的一位著名企業家。

年輕人感到相當驚訝，沒想到這個企業家竟然還記得自己。

企業家一眼就看出這個年輕人的生活近況不佳，於是邀請他一起步行到華爾街自己的公司聊聊。

在炎炎夏日的中午，步行到相隔六十個街口的華爾街，無疑是件相當吃力的事。這個年輕人聽了甚感驚訝，心中不禁懷疑這個有錢有勢的企業家為什麼不搭計程車。

企業家看著他吃驚的表情，並不多加解釋，只是笑著對他說：「其實，我們只要經過五個街口，就可以走到六號街的遊藝場。」

這個年輕人聳聳肩聽從了企業家的建議，於是兩人很快就走到了六號街。企業家隨即又對年輕人說，這次要只要再經過十個街口，就可以到達某某地方，於是兩人又向前走去，一下子就又到了目的地。

就這樣，企業家帶著年輕人一段路一段路不停地走，不知不覺中竟然走過了六十個街口，抵達了華爾街。這時，這個年輕人終於領悟了企業家的一番苦心，於是鼓起勇氣說：「我想到您的公司任職，希望您給我一次機會，我願意從最基層的職務做起，認真學習每一項事務。」

十年之後，這個年輕人終於成了華爾街知名的企業家。

美國激勵大師戴爾．卡耐基曾說：「一個目標達到之後，馬上立下另一個目標，這就是成功的人生模式。」

不論多麼遙遠的距離，只要經過一段一段的劃分，也不過是一小段一小段路程的總和而已。所謂「聚沙成塔，聚水成川」，不就說明了所有的成功都是由無數的小目標組成的嗎？

任何的成功人士都具備這種體認，所以他們才能一步一步的持續往前邁進，最終走到自己的目的地。

當你的生活陷入困頓，或是工作進行不順暢，內心充滿無力感的時候，不妨換個做法，暫時將你的大目標加以細分，如此一來你就會發現，想要達成自己的目標，其實並沒有想像中沒那麼困難。

你的心境，決定你的處境

跨出腳步之時，不要低著頭，只有那些牢牢盯著目標的人，才會找到自己的正確道路。

——哈瑪瑟爾德

你的快樂只是一場夢幻？

英國詩人布萊克在《永恆詩篇》寫道：「試圖把自己綁在幸福之上的人，是毀壞了展翅高翔的人生；對飛過的幸福只親吻一下的人，則生活在永恆的朝霞之中。」

德國哲學家叔本華曾說：「通往幸福最錯誤的道路，莫過於名利、享樂和奢華的生活。」

但是，在龐大的慾望之前，人通常是愚騃無知的。很多人爲了追逐金錢、權力、地位，不惜犧牲自己所擁有的美好東西，譬如健康、自由、幸福與快樂……等等。

很多人都認爲，只要自己達成願望，就是天底下最富足、最快樂的人，但是，當他們如願以償的時候，反而變得更不快樂，因爲他們心中湧出了更龐大的野心和慾望。

古時候的獵人常常利用猴子的貪婪習性，輕而易舉地將牠們捕捉。這種方法非常簡單，卻非常有效。

狩獵的人只要在猴群出沒的地方，裝設一個特殊的籠子，籠口只容猴掌伸入，然後在裡頭擺一顆水果。猴群一聞到水果的香味，就會爭先恐後地從樹上跳下來，搶著將手伸入籠子。

當捷足先登的猴子將手伸進籠內抓住水果時，就會因為洞口太小，無法將手抽出，而被困在原地。

其實，只要猴子毅然把水果放下，就可以安全脫身，但是，大部分的猴子卻只會暴跳如雷地在原地掙扎，即使到了獵人走到眼前的那刻，手還是緊緊握住水果不放。

可悲的是，其餘在樹上眼睜睜看著同伴被捉的猴子，從不曉得記取發生在眼前的一幕幕慘痛教訓。

一聞到水果香味，牠們仍舊忍不住要從樹上跳下來，手還是忍不住要往籠子裡伸，到頭來當然難逃被捕的命運。

或許，你會認為這些被捕的猴子實在太過貪婪、愚蠢了，竟然會為了一顆水果而犧牲寶貴的性命，然而仔細想想，絕大多數的人何嘗不像猴子一般，因為貪婪而變得愚蠢？

殊不見，許多人不就僅僅為了追逐眼前的蠅頭小利而甘願身陷囹圄。

英國詩人布萊克在《永恆詩篇》如此寫道：「試圖把自己綁在幸福之上的人，是毀壞了展翅高翔的人生；對飛過的幸福只親吻一下的人，則生活在永恆的朝霞之中。」

假如到達成功的道路過於崎嶇峻峭，人就有瞬間失足墜亡的危險，同樣的，如果一個人的慾望與野心過於龐大，那麼，他汲汲營營所獲得的成功，自己可能無福消受，這樣的幸福快樂與夢幻泡影又有什麼差別？

千萬不要讓自己變成那些短視近利的猴子，因爲想要快樂一下子而痛苦一輩子。假使你不想下半輩子活在「牢籠」之中，那麼就應該勇敢拒絕誘惑，放棄眼前那些對你散發香味的「水果」。

你的心境，決定你的處境

貪心好比一個套結，把人的心越套越緊，結果把理智閉塞了。

——巴爾札克《邦斯舅舅》

你為什麼老是想當別人的影子？

愛因斯坦在《我的生活觀》一書中說：「一個人的真正價值，首先決定於他在什麼時候和什麼程度上，從自我解放出來。」

唯有適時解放自己，從自卑怯懦、憂讒畏譏的負面意識中走出來，人才能創造出自己的風格與魅力，昂然獨立於天地之間。

一味模仿別人，無異於在自己的身上套上枷鎖，既限制自己前進的步伐，也禁錮自己的思想，只會使自己在人生的競賽中，永遠追著別人跑。

默片時代的國際知名影星卓別林，最初進入演藝界時，有一位導演認為他的外型並不出色，很難在眾星雲集的影壇脫穎而出，便勸他模仿一個當時相當走紅的德國諧星的表演方式。

但是，卓別林委婉地拒絕了這個建議，他認為唯有獨樹一格的表演方式，才能真正發揮自己的才華。

最後，卓別林獲得了非凡的成功，演藝生涯屢創高峰，而那位他拒絕模仿的德國影星則有如曇花一現，不久就被世人淡忘了。

卓別林之所以成功，是因為建立了獨特的風格，將自己所擁有的表演才華盡可能發揮出來。

愛因斯坦在《我的生活觀》一書中說：「一個人的真正價值，首先決定於他在什麼時候和什麼程度上，從自我解放出來。」

不管你用什麼眼光去看待，每一種存在的東西，都有它存在的意義和價值。人也是如此，每個人都有自己的獨特價值，應該細心發掘自己與眾不同的優點，並且加以活用。

一味地模仿、追隨別人的步伐，只會使自己淪爲別人的影子。

就像後來許多模仿卓別林表演方式的演藝人員無法成名一樣，倘使當初卓別林聽從那位導演的建議，那麼縱使他能夠成功，也會活在別人的陰影當中，成就將會受到侷限。

你的心境，決定你的處境

和其他所有的東西一樣，一個人是否舉足輕重，在於他自身的價值；也就是說，在於他能發揮多大的作用。

——霍布斯

勇敢把自己的缺點秀出來

英國小說家傑羅姆在《閒人閒思》中寫道：「我們是通過各自的缺陷和弱點，而不是通過各自的優點，才相互產生交流和共鳴的。」

每個人免不了都會有一些缺點或缺陷，如果你太過於在意，就會變得自卑、拘謹、造作……這些負面力量，往往會束縛一個人的潛能，導致優點無法發揮。

因此，有時候適度地將自己的缺陷和弱點暴露出來，不但可以解除心靈的束縛，也可以藉著缺陷和弱點，營造出更圓融的人際關係。

以下就是一個很好的例子。

有一位女高音在成名之前，對自己的牙齒長得參差不齊相當不滿意，她為不讓別人看到自己的牙齒，因此平時不苟言笑，演唱的時候也總是儘量側著臉，表情相當不自然。

後來，有位朋友忠告她說：「妳未免太在意自己的牙齒了，為了隱藏妳的牙齒，不但使妳越來越缺乏應有的自信，也使得妳在演唱之時無法充分發揮。」

這位女高音經過深思之後，覺得他的忠告頗有道理，索性不再去管自己難看的牙齒。由於她的態度變得自然，不僅人際關係大為改善，演唱之時也能充分發揮才華，不久就成為國際馳名的女高音。

英國小說家傑羅姆在《閒人閒思》中寫道：「我們是通過各自的缺陷和弱點，而不是通過各自的優點，才相互產生交流和共鳴的。」

世上失敗的人很多，大致上可以分成兩類。

有的人身上具備許多美好的特質，但是卻缺乏信心，只看到身上的缺點，不知道如何運用自己的優點，成天悲觀地抱怨自己缺乏某些成功的條件或是運氣。

另一種人則是缺乏自知之明，既不知道自己有什麼優點，也不知道自己有什麼缺點，但是又輕蔑別人的價值，只會羨慕別人功成名就之後的絢麗，一見到別人在某個領域獲得成功，就認爲自己同樣辦得到，迫不及待地想要加以複製。

像這種不肯虛心探究自己、學習別人，一味昧於事物表象的人，最後當然以失敗收場。

人不要太在意自己有什麼缺點，如果無法運用自己的缺點，也要儘量掘發自己的優點。每個人的身上，其實就有著許多獲得成功的秘訣，又何必一味羨慕別人的成功呢？

你的心境，決定你的處境

真正寬懷大度的人，應該坦承自己有一些缺點，以免使得週遭的朋友感到難堪。

——富蘭克林《自傳》

改變心境就能看到人生遠景

英國辭典編撰作家塞繆爾．約翰遜博士說：「能看到每一件事的美好方面，這個習慣，比一年收入一千磅還要讓你受益良多。」

我們的性格、外貌、行爲，其實都是由思想支配。一個人身體是否健康和諧，面貌是否亮麗動人，能不能積極樂觀地成就一番志業，都與思想息息相關。

有些人懂得這層道理，陷入愁苦的逆境時，便藉著改變想法來修練自己，結果往往能使自己的心境大幅改變。

有一個結婚不久的年輕人，有一天，相當苦惱地前去請教著名的化學家居里夫人關於婚姻方面的問題。

他說：「我在結婚之前，一直憧憬著愛情的浪漫美妙，誰知結婚不久，就感覺婚姻生活竟是那麼瑣碎無趣，妳在婚姻生活和工作方面都很成功，能不能將妳的秘訣告訴我？」

居里夫人回答說：「如果你試著讓生活多一點想像，那麼，你就會從中獲得許多新的樂趣。」

這為年輕人大惑不解，質疑道：「可是，想像畢竟只是想像，人無法一直活在想像之中。」

居里夫人笑著說：「當然，不過只要你試著去想像生活美好的一面，想像就會變成事實。」

人的心境改變之後，容貌也會跟著改變。

我們常常可以見到，有的人不久之前臉上還刻劃著懷疑、恐懼、煩悶、不安、憤怒……等等痕跡，短時間之內竟然變得充滿自信，顯得安詳、愉快，這就是改變心境所帶來的神奇效果。

事實上，我們都體驗過心靈更新的經驗，只是不曾多加留意罷了。

譬如，當我們心情沮喪頹廢，感覺周遭一切都顯得黑暗、慘淡的時候，假使有種幸福的感覺突然降臨，或者某位睽違已久的知心好友突然來訪，或者在山野間漫步，驀然見了一幕令人目眩心迷的景色，那麼，一切的精神創傷，就會被那種新生的情緒完全治癒。

心理學家說，這種心靈的更新作用，會在剎那間滌淨我們胸臆間積蘊的一切塵垢，放射出歡愉、幸福、動人的光彩，進而使我們對生命的看法有了不同層次的認知與感受。

英國辭典編撰作家塞繆爾．約翰遜博士說：「能看到每一件事的美好方面，這個習慣，比一年收入一千磅還要讓你受益良多。」

改變心境就能撥開陰霾，看到人生的亮麗遠景。就像居里夫人所說的，試著去想像生活美好的一面，然後努力使想像變成事實，那麼，你就會從中獲得許多新的樂趣。

如此一來，盤據我們心中的煩悶、恐懼等等負面思想，就會在心靈的更新作用下全部消滅。

你的心境，決定你的處境

如果你相信自己的人生是值得去活的，那麼，你的這種信念就會為你找到事實的根據。

——美國心理學家W．詹姆斯

誠實是成功最重要的礎石

美國總統林肯曾經在演說時強調：「你可以在所有時候欺騙某些人，也能在某些時候欺騙所有的人，但不能在所有的時候欺騙所有的人。」

誠實是成功最重要的礎石，不管做什麼事，倘使不誠實地對待別人和自己，一切都會淪爲夢幻泡影。

一個不誠實的人無法獲得他人的信任，更遑論尊重和幫助了。

生活在現代社會，人很難離群索居，在通往成功的道路上也很難不尋求別人的援助，因爲，個人的能耐終究有限，必須借助群體的力量才能發揮出無堅不摧的效用。得不到別人信任的人，只會離成功越來越遠。

日本著名的企業家吉田忠雄以製造YKK拉鍊奠立了自己的事業基礎，他在回顧自己創業成功的經驗時，曾經語重心長地說：「不管經商或是待人處事，最重要的原則就是一定要誠實，因為，只有誠實的人才會贏得別人的信任。」

創業之前，吉田忠雄曾經在一家小電器商行當推銷員。剛開始，他在推廣業務方面四處碰壁，進行得相當不順利，有很長一段時間都沒有什麼起色，然而他並不灰心喪志，還是耐心挨家挨戶從事推銷工作。

後來，他終於成功地推銷出了一種新型的刮鬍刀，短短幾天之內便和許多位顧客完成交易，業績突飛猛進。但是，不久之後他卻從同業口中得知自己推銷出去的刮鬍刀，價格要比其他推銷員來得高，這項訊息使他深感不安。

經過深思熟慮之後，他決定一一登門向這些客戶道歉，並主動退還差額給。

他這種誠實不欺的作風，使得客戶們大受感動，從此成了他的忠實顧客，除了定期訂購他推銷的產品之外，也為他介紹了許多新客戶。

這個轉折點使得吉田忠雄的業績直線上升，不但獲得更豐厚的收入，也為他日後自己創業建立了廣泛而良好的人脈基礎。

美國總統林肯曾經在演說時強調：「你可以在所有時候欺騙某些人，也能在某些時候欺騙所有的人，但不能在所有的時候欺騙所有的人。」

吉田忠雄之所以能成爲成功的企業家，在日本產業界佔有舉足輕重地位，除了本身鍥而不捨的努力外，客戶因爲信賴而不斷幫助他，也是相當重要的因素。

吉田忠雄能獲得那麼多人的協助，關鍵只是因爲他是個誠實的人，值得客戶信任，由此可見誠實的重要。誠實是爲人處世應該具備的基本品德，同時也是判斷一個人是否能成功的觀察指標。

你的心境，決定你的處境

當我們開始行騙的時候，我們就在編織著一張自縛的網。

——司各特《瑪米恩》

批評讓你精益求精

林肯曾說：「我要忍耐到最後。如果最後證明我是對的，不論別人怎麼說，我也置之不理。如果最後證明我是錯的，即使有十個天使說我對，那也是徒然。」

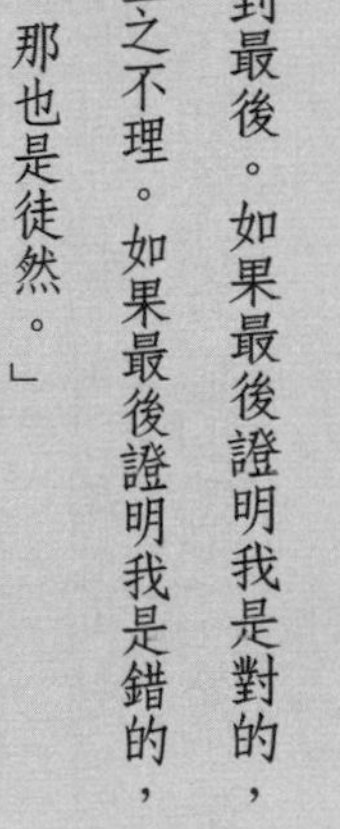

只要我們以理性的態度，將批評當作是自己向上躍昇的助力，那麼，虛心接受批評對自己的身心成長將大有益處。

遭到批評的時候應該這麼想：被批評的人一定有被批評的價值，一個人如果連受人批評的價值都沒有，才不會有人願意多費唇舌加以批評。

英國名詩人拜倫的處女作《閒散的時光》出版之後，大受民眾喜愛，不久就

成為詩壇的閃亮新星。正當拜倫沉醉在眾人的讚美聲浪中，一家雜誌社竟然刊登一篇匿名文章，對他的私生活大加撻伐，並且把他的詩作批評得一無是處。

拜倫讀完這篇惡毒的謾罵文章之後，不禁怒火中燒，為了洩恨，便寫了一封措詞相當尖銳的信回敬這家雜誌社。但是，就在他要將信寄出的時候，突然改變念頭。他告訴自己：「面對批評的最好方法，是寫出更優美的詩篇讓他們啞口無言，而不是降低自己的層次與他們進行無聊的謾罵。」

這種信念使得拜倫創造出更優秀的作品《劍俠唐璜》，最後成為名揚世界的偉大詩人。

面對批評的態度，將決定一個人究竟是偉大的或是渺小的。

如果對方所說的是善意的批評，我們可以藉此期勉自己精益求精，如果對方所說的是惡意的批評，我們也不妨效法拜倫的態度，努力展現出自己最完美的一面，讓對方無法再批評。

批評的態度如果不是出於正直，而含有主觀的成見，那麼就會變成惡意的嫉妒、怨恨。既然如此，我們又何苦降低自己的層次與這些無知的人進行無聊的謾罵呢？最好的方式是只好置之不理。

麥克阿瑟將軍和英國首相邱吉爾的辦公室門口，都掛著一句林肯說過的名言：「我要忍耐到最後。如果最後證明我是對的，不論別人怎麼說，我也置之不理。如果最後證明我是錯的，即使有十個天使說我對，那也是徒然。」

仔細想想，批評會爲我們帶來好處，那麼何不樂於接受批評呢？

其實，不論善意的批評或惡意的批評，只要能夠以健全的心態面對，都會對我們有所助益。千萬不要因批評而改變正確的意志，更不要因爲別人的批評而使自己產生無謂的煩惱。

你的心境，決定你的處境

流言蜚語是無所不在的，否則世界就不成世界，千千萬萬的人會鬧得發慌而像蒼蠅一樣大批死去。

——杜斯妥也夫斯基

你比無知的人更無知？

古希臘哲學家伊比鳩魯在《梵蒂岡名言》一書中說：「在辯論中，失敗的人得益更多，因為他學到更多東西。」

在威爾遜總統時代曾任財長的麥訶圖說：「想要用爭辯的方法，來折服一個無知的人，那是不可能的事。」

這句話，可說是麥訶圖縱橫政壇的經驗之談，我們不妨把它當做應付無知之徒的座右銘，時時提醒自己不要白白浪費自己的精力。剛愎自用、爭強鬥勝，並不會使人就此走向康莊大道，只會使人走向寸步難行的泥沼。

據說，美國進行南北戰爭的時候，林肯總統麾下有一個年輕軍官，非常喜歡與人爭辯。某一次，他又為了一樁小事和同僚爭執不休，林肯於是把他叫到跟前勸戒他說：「你不應該耗費了許多寶貴的光陰，去和別人進行損人不利己的爭辯；更不應該蓄意用爭辯的方式，來傷害別人的自尊心。有些事要是能夠謙讓，還是謙讓一些好。與其和一隻狗搶路走，而被牠咬了一口，倒不如讓牠走過去。因為，萬一你被狗咬傷了，縱使把牠殺死了，你的傷口也不會因此而痊癒。」

林肯的這幾句話說得相當透徹，值得我們引以為戒，何必為了一時的情緒而和身邊無知的「狗類」過不去。想用爭辯的方式，使一個無知的人折服，就宛如要使頑石點頭一樣，既費時費力，又無法達成任何效果。但遺憾的是，很多人卻因為抑制不了自己的好勝心，一再重複這種蠢行。

遇到有人爲了芝麻細事與我們喋喋不休，無論是顧客、朋友、上司、同事……都不妨先退讓一步，讓他們獲得自以爲是的勝利，千萬不要和他們糾纏不休，徒然浪費自己的生命。

此外，對於相持不下的問題，爭辯也不會是最好的解決辦法。我們必須爲彼此預留轉圜的空間，然後隨機應變，用種種柔性的手腕和同理心去應對，如此，問題才有迎刃而解的可能。

一個人知道的事物通常極爲有限，人生也短暫得譬如朝露一樣，既然如此，何必在浪費時間與別人進行毫無意義的爭辯，而磨損自己的生命呢？

古希臘哲學家伊比鳩魯在《梵蒂岡名言》一書中說：「在辯論中，失敗的人得益更多，因為他學到更多東西。」

只要細細想一下這番話，我們不難得知，謙遜的人永遠不會吃虧。當你想得到別人贊同自己的意見時，應該牢牢記住：「自己少開口，讓人家多說話。」

你的心境，決定你的處境

人們之所以爭論得那麼熱烈，往往只是因為彼此都無法領會對方所要向自己證明的事情。

——托爾斯泰《安娜．卡列尼娜》

10

活著不是爲了痛苦

蘇聯作家杜金說：
「一切要來的都在未來，
一切已逝的都在過去。
未來不在命運之中，
而在我們自己手中。」

活著，不是為了痛苦

蘇聯作家杜金說：「一切要來的都在未來，一切已逝的都在過去。未來不在命運之中，而在我們自己手中。」

「天下無難事，只怕有心人」，這是連小學生都能朗朗上口的一句老話，可是說歸說，眞正能把這句話奉爲圭臬加以貫徹的人卻不多。

也許你會認爲，這句老掉牙的成語根本不適用於現實社會；殊不知，能夠源遠流長的話語，正是以前成功者的智慧結晶和經驗法則，也是現代渴望成功的人最有用的座右銘。

尼加拉瓜有個殘障藝人名叫湯尼，他的奮鬥過程正是「天下無難事，只怕有心人」的最佳寫照。

湯尼一出生就沒有雙臂，醫師因此想辦法為他裝了兩隻人工手臂。可是，在成長過程中，湯尼一直覺得裝假手臂很麻煩，而且使用並不方便，因此後來就捨棄不用了。

湯尼無可避免地經常遭受到其他人的異樣眼光，但是他生性樂觀，並不因此而自怨自艾，反而更加積極地想著：「我一定要向那些嘲笑我的人證明，我雖然欠缺兩隻手，但也可以活得像正常人一樣。別人用手能夠做的事，我用腳同樣可以做！」

經過漫長的自我訓練與堅毅不撓的努力，湯尼十幾歲的時候，終於學會了用雙腳彈奏吉他。

最後，他不但可以用腳做任何事情，甚至還會用雙腳駕駛經過特別改造的汽車，到各地巡迴演出。

湯尼回憶說，他剛開始試著想用腳彈奏吉他的時候，遭到了許多人譏笑與諷刺。不久之後，在一個熱心的朋友幫助下，他慢慢學會用右腳的腳趾夾著撥塊來撥弦，再用左腳的腳趾壓住琴弦。經過不斷的練習，湯尼的吉他彈得相當好，而且和其他同好組成了一支樂隊。

後來，湯尼和他的樂隊經常到各地的教堂和學校巡迴演出，他相當驕傲地說：「我要透過自己現身說法，讓年輕人知道，只要相信自己，天底下就沒有無法做到的事。」

蘇聯作家杜金說：「一切要來的都在未來，一切已逝的都在過去。未來不在命運之中，而在我們自己手中。」

湯尼的奮鬥過程，無疑充滿了激勵與啓示，告訴我們一個簡單的道理：人活著並不是爲了爲了承受失望和痛苦，只要肯立定志向，肯相信自己，任何事情最後都可以完成。

許許多多殘障人士的成功典範，不但告訴我們決心與毅力是成功的不二法門，也說明了「相信自己」的重要。

在遇到挫折時，我們不妨想想湯尼和其他努力超脫生命束縛的殘障人士，你就會發覺自己面前的挫折，原來是那麼的微不足道。

你的心境，決定你的處境

遭遇困難和痛苦的時候，切莫垂頭喪氣，就算你已經失去了一切，至少你還擁有現在與未來。

——卡繆《反抗的人》

拐彎抹角有什麼不好？

波蘭思想家史賓諾莎在《倫理學》裡強調：「心不是靠武力征服，而是靠愛和寬容大度征服。」

人雖然自詡爲萬物之靈，但是，每個人身上都有一股尚未退化完全的「牛脾氣」，只是程度略有不同罷了。想要使自己的意見獲得別人的贊同，絕對不可以像愛默生趕牛一樣硬推硬拉，有時必須懂得拐彎抹角。

美國田園主義作家愛默生長期住在鄉間，有一次他和兒子想把一頭小牛趕進牛棚裡，可是兩人折騰了很久，不管從前面拉牠，或是從後面推牠，小牛就是不肯乖乖就範。

愛默生累得滿頭大汗，越折騰越生氣，開始對著小牛叫罵。這時，恰巧附近一家牧場的小女孩經過，看了兩人對牛發脾氣的滑稽模樣，不禁哈哈大笑。她對愛默生說：「大作家先生，趕小牛不是這樣趕的，看我的吧！」

小女孩隨即拍拍小牛的頭，然後將一隻小指頭伸進牠的口中，小牛便一邊吸吮著小指頭，一邊隨著小女孩進入牛棚裡。

相傳埃及法老王阿克丹曾經訓誡他的兒子說：「如果你想要人民服從你的統治，那麼，你就必須用懷柔的手段，高壓和威脅是毫無用處的。」

其實，我們也可以將這句話當作處世箴言，其中的奧妙，就像前述故事中小女孩用溫柔的手段，把牛帶進牛棚一般。

波蘭思想家史賓諾莎在《倫理學》裡強調：「心不是靠武力征服，而是靠愛和寬容大度征服。」

富蘭克林以行事圓融著稱，但是年輕時候，卻是一個喜歡爭強鬥勝的青年，總是想用言詞駁倒對方，壓迫對方順從自己的意見。

有一天，一位老朋友誠懇的告訴他說：「你老是喜歡逞強好勝，常常攻擊人家的錯誤，實在太不應該了。你不在朋友面前的時候，大家都相處得很愉快，可是你一出現，大家都變得不自在，因爲你太喜歡爭辯了，這樣子下去，大家非但不會贊同你的想法，反而會跟你更加疏遠。」

富蘭克林這時才醒悟，自己在言詞上所獲得的只是虛幻的勝利，倘若不痛改前非，不但難有圓融的人際關係，而且勢必會因爲別人的抵制而遭受失敗，因此下定決心痛改前非。後來，他努力克服這個壞習慣，終於成爲美國歷史上最能幹、最和藹可親的外交人才。

你的心境，決定你的處境

不是靠閃亮的珠寶，也不是靠陽光或火焰，而是只有靠和解，才能驅散敵意產生的黑暗。

——《五卷書》

勇氣，是成功者的利器

英國思想家法蘭西斯．培根曾說：「如果你想要開創一番事業，最重要的是勇氣，其次也是勇氣，第三還是勇氣。」

勇氣，是年輕人特有的氣質，每個人在青春期都曾經有過勇往直前的氣概，然而隨著年齡增長，大多數人的勇氣都在現實環境中一點一滴流失，最後變得膽怯懦弱。

因爲人生的閱歷越豐富，遇到困難越會患得患失，由於擔心自己承受不起失敗的打擊，而不願勇敢去面對現實。

其實，勇氣是創造成功的利器，能夠保有年輕時代勇氣的人，可說是相當幸運的。

有一個四處巡迴演出的馬戲團，某天來到一座小鎮，為了要在街上遊行宣傳，樂隊指揮急著要找一名小喇叭手。

這時，有個男孩自告奮勇前來應徵。

樂隊指揮見他信心滿滿，未加以測試就錄用了，豈知遊行的隊伍走不到幾步路，就有兩個老太太因為聽了那個男孩吹出來的怪聲音而昏倒，馬戲團裡的一匹馬也被嚇得四處奔竄。

樂隊指揮非常生氣，就責問那個男孩：「為什麼你事先沒告訴我，你根本不會吹喇叭？」

豈知，那個孩子理直氣壯地回答說：「我以前沒有試過，怎麼知道自己不會吹小喇叭？」

創造米老鼠、唐老鴨……等卡通明星的華德．迪士尼，功成名就後經常應邀參加各個學校畢業典禮。

他在致詞時常常會說這個故事，並且引用蒲維爾．蘭頓的話勉勵畢業生說：「在年輕人的字典裡，沒有『失敗』這個字。」

華德．迪士尼說，每當自己說這句話時，其實也是在勉勵自己必須保持心境上的年輕，他會回想起自己的年輕時代，那時候他眼中的世界，毫無教人傷心或恐懼的事。

大約二十一歲的時候，華德．迪士尼第一次遭遇到人生的挫敗，垂頭喪氣地躺在堪薩斯城畫室的椅墊上，吃著冰冷的罐頭食品。

可是，不久之後，他便告訴自己必須振作：「在年輕人的字典裡，沒有『失敗』這個字。」

隨即，他鼓起勇氣前往好萊塢追尋自己的夢想，經過一番努力，最後終於成功地打造了迪士尼王國。

英國思想家法蘭西斯．培根曾說：「如果你想要開創一番事業，最重要的是勇氣，其次也是勇氣，第三還是勇氣。」

縱使我們無法在年齡上保持年輕，至少也應該讓自己在精神上維持在毫不畏懼失敗的年輕階段。

你的心境，決定你的處境

只有鼓起勇氣才是辦法，凡是無法逃避的事，如果光害怕、著急，那只能算是幼稚、軟弱。

——莎士比亞《亨利六世》

不要直接數落別人的錯誤

羅賓遜教授說：「倘若有人直言指正，我們卻每每故意執拗，堅持力爭。這並不是我們對自己的意見有所偏愛，而是不願意被人侵犯自己的自尊心。」

一般人一遭到批評，心中自然不高興，這情形完全由於「自我」的意識作祟，進而產生對抗心理。

所以，如果我們直接數落別人的錯誤，縱然滔滔不絕說得理由十分充足，終究難以使他心服，他必定要找出各種藉口百般辯護。

擅長寫諷刺寓言故事的俄國大作家克雷洛夫還沒揚名之前，生活過得十分拮据。有一次，克雷洛夫想要換一間比較像樣的房子，便前去找女房東簽訂租賃契約。豈知，這個女房東十分勢利、小氣，見他衣衫破舊，擔心他會破壞屋內的各種設備，便要求他在契約上加註：如果他損壞屋內設施，必須賠償一五〇〇〇盧布。

克雷洛夫聽了，心中極為不悅，但還是拿起筆大方地寫下一五〇〇〇〇盧布。房東見到他多填了兩個〇，以為自己看走了眼，眼前這個邋遢漢竟然是個出手大方的大富翁，態度立即一百八十度改變，諂媚地說：「謝謝您這麼大方。」

克雷洛夫見狀，笑著回答說：「這沒什麼，反正不管填多少錢，我都同樣賠不起。」

女房東聽出了他話中的諷刺，隨即明白自己的要求太苛刻了，便不再要求克雷洛夫簽訂附加條款。

羅賓遜教授所著《思想的成功》一書中，有一段文章這麼說：「我們改變自己意見並不困難，但是倘若有人直言指正，我們卻每每故意執拗，堅持力爭。這並不是我們對自己的意見有所偏愛，而是不願意被人侵犯自己的自尊心。」

正因爲這種心理作祟，人一旦遭受別人的指謫，就會產生反抗心理，非要抵禦到底不可。

其實，我們犯了錯誤，自己通常會立即察覺；即使自己一時未察，如果別人用巧妙的言詞婉轉地加以指出，我們也會勇於坦承自己的錯誤，並且還覺得這種坦白是一件十分光榮的事。

因此，當我們遭遇不合理的待遇或要求時，千萬不要當面直接數落別人的過錯，也不用和對方爭得面紅耳赤，而應該學習克雷洛夫的幽默，讓對方知道自己的做法是不合理的。

你的心境，決定你的處境

把你激動的心情按捺下去，因為溫和的方式最適宜，還要遠離那些激烈的競爭。

——荷馬

忍耐一下子，快活一輩子

英國詩人斯溫伯恩曾經寫道：「人們在尖刻的話語和機敏的辯才中摘不到果子，在他們搖撼大樹的根部時，得到的是扎人的刺。」

富蘭克林爲了改善自己的人際關係，曾經定下一條規律要求自己嚴格遵守，那就是不可使用武斷的言詞強迫別人接受，而且在措詞方面必須小心謹慎，竭力避免去傷害他人。

富蘭克林強調說，嚴格要求自己做到這點，不但容易使別人接受自己的意見，減少人際之間的衝突，一旦自己不小心犯了錯誤，別人也不會以嚴厲的態度加以屈辱。他也一再提醒年輕人，咄咄逼人的言行舉止，絕不可能讓別人改變他們的態度和想法。

林肯擔任美國總統的時候，有一個名叫格瑞利的政治評論家，老是和林肯總統的政治見解不同。為了使林肯總統贊同他的看法，他經常用嘲弄和謾罵的筆調，在報紙上發表嚴峻的評論攻擊林肯。

但是，林肯總統對格瑞利的評論一直置之不理，使得格瑞利相當生氣，更加猛烈地攻擊著。即使是在林肯被刺身亡的當天夜晚，不知情的他還寫了一篇尖酸、苛刻的文章，準備好好地嘲弄林肯一番。

可是，這樣的攻擊非但無法達到目的，林肯去世之後，他被認為是只會憑著筆桿挖苦別人的刻薄小人，遭到輿論更嚴厲的批評。

英國詩人斯溫伯恩曾經寫道：「人們在尖刻的話語和機敏的辯才中摘不到果子，在他們搖撼大樹的根部時，得到的是扎人的刺。」

要求自己行事圓融，在措詞方面小心謹慎，起初可能會因爲不符合自己的個性，而讓你覺得扭捏爲難，但是習慣這種爲人處世的手腕之後，你就不會覺得心裡彆扭了。

不說武斷話語的人，雖然本身不善言辭，但是，他們說出來的意見通常會受到別人的讚許。

想要擁有和諧的人際關係，就必須記住：話語往往是傷人的利器，避免與人結怨最有效的方法是，不要爲了滿足自己一時的虛榮，而爲了小事與人爭執不休。

說話之前，嘴邊的每一句或每一字都要加以斟酌，任何容易引起別人反感或是可能傷害別人的言詞，千萬不要脫口而出。

你的心境，決定你的處境

既不是財富，也不是聲名顯赫，而是寧靜的心情和從事有意義的活動，讓人產生幸福快樂的感覺。

——美國總統傑弗遜

你為什麼要浸在煩惱的苦海？

美國女詩人薇爾科克絲曾經寫道：「當生活像一首歌那樣輕快流暢時，笑顏常開是容易之事；而在一切事都不妙時仍能微笑，才是活得有價值的人。」

有的人性格相當樂觀，習慣去看人生光明燦爛的一面，即使在烏雲蔽天的時候，還是樂觀地相信麗日和風不久就會出現。

但是，有些人的性格卻是悲觀的。即使處於歡樂的時光，他們往往也能透視歡樂背後的晦暗面，並且因此而擔心憂慮、沮喪消沉。消極悲觀的人應該培養樂觀的心態，因爲這無論對自己或對別人，都將是一種幸福。

有兩個拓荒者先後來到一片砂礫遍佈、無法耕種的土地，發現這片貧瘠不堪的荒漠上面除了幾叢雜草、零星的仙人掌之外，到處都蜿蜒著帶有劇毒的響尾蛇。

第一個拓荒者見到了這種景況，不禁悲觀地搖搖頭，然後緊皺著雙眉失望地離去了。第二個拓荒者卻樂觀地停下腳步思索著，雖然他也知道這片土地無法耕種，但是卻可以靠土地上面的這些響尾蛇發財。

於是，他製作好簡單的工具，開始小心翼翼地捕捉這些毒蛇。他將響尾蛇宰殺剝皮，蛇肉製做成罐頭，毒液賣給醫院製成抗毒劑，然後再把剝下的蛇皮賣給皮革工廠。

最後，這片荒漠成了名聞遐邇的「響尾蛇村」。

英格蘭有句古諺說：「快樂能達全程，悲觀止於一里。」

一般而言，樂觀的人遠比悲觀的人更容易成功。樂觀的人好像一塊軟木塞，一放在水中，會浮在煩惱之上。悲觀的人則好像一塊石頭，只會永遠沉浸在煩惱裡。樂觀的人，會鼓起勇氣面對困難，將荊棘遍佈的小路變爲繁花盛開的康莊大道；悲觀的人，則往往大驚小怪，將一灘小水幻想爲汪洋大海，一遇到小小的困難就怯懦地退避。

美國女詩人薇爾科克絲曾經寫道：「當生活像一首歌那樣輕快流暢時，笑顏常開是容易之事；而在一切事都不妙時仍能微笑，才是活得有價值的人。」

樂觀的人縱使不能成功，也會爲自己帶來快樂，因爲它們能從各種細小的事物上得到快樂，而悲觀的人眼中滿是愁苦，自然無法發現生活週遭的快樂與成功機會。我們應該培養樂觀積極的性格，隨時保持愉快的笑容，如此才能像第二個拓荒者，看出成功的機會所在，在別人無法成功的地方，獲得最大的成功。

你的心境，決定你的處境

憂傷會有盡頭，而憂慮卻沒有盡頭。因為憂傷是由於已經發生的事情，而我們憂慮的都只是可能發生的事。

——小普林尼

失去的機會永遠喚不回

美國文學家霍姆斯曾說：「你可以從我的左邊口袋偷走白銀的硬幣，但是千萬不要碰我的右邊口袋，因為裡面裝著黃金的時間。」

人生如盛開的櫻花，朝猶傲笑夕葬塵埃，不知把握機會及時努力的人，無異於虛擲璀璨的時光，等到察覺生命渾渾噩噩消逝大半時，後悔已經來不及了。

據說，十一世紀時期的英格蘭國王卡奴特，有一次由幾位近臣陪伴到某處海岸散步。到了目的地後，卡奴特國王悠閒地坐在椅子上欣賞海上的落日餘暉景緻，其中一名近臣走近身邊，以阿諛諂媚的口吻誇讚說他擁有至高無上的權力，是古往今來最偉大的國王。

卡奴特國王聽完之後淡淡一笑，隨即叫近臣將椅子移到更靠近水邊的沙灘上去，然後坐下來。

他對著大海說道：「大海啊，我是你的統治者，我的船艦可以在你上面任意行駛，你所衝擊著的這片陸地是我統治的領土，我現在命令你立即停止你的波浪，不可以濺濕我的雙腳。」

但是，海浪依舊一波波襲來，並且湧到卡奴特國王坐著的椅子，弄濕了他的雙腳和褲管。

於是，卡奴特國王轉過頭，斥責這個近臣說：「你剛才不是說我擁有至高無上的權力，是古往今來最偉大的國王嗎？但是，為什麼海浪並不聽從我的命令？由此可見，在大海面前，縱然是國王，也和其他人一樣無能為力。」

卡奴特國王不能指揮波浪的軼事提醒我們，不管一個人多麼偉大，擁有多大權力，世間仍然有許多他無法支配的事物，最顯而易見的便是稍縱即逝的時間，以及發生在生命流程中的生老病死。

因此，我們必須時時自我警惕，韶光荏苒有如逝海之巨波，在電光石火的轉瞬間，現在立即就會變成永遠也喚不回的過去，不容我們片刻怠惰、蹉跎。

美國文學家霍姆斯曾說：「你可以從我的左邊口袋偷走白銀的硬幣，但是千萬不要碰我的右邊口袋，因為裡面裝著黃金的時間。」

唯有懂得珍惜時間的人，才懂得更加努力，好好把握住身邊每個稍縱即逝的機會。當機會向著我們前來的時候，必須立刻把握，善加利用，如果你的態度輕蔑，一旦等到它擦身而過，剩下的就只是懊惱和後悔。

你的心境，決定你的處境

人往往在回憶過去、抱怨現在和害怕未來中，草草地度過自己的一生。

——法國作家安東尼·里瓦羅爾

誠心會激發別人的自尊心

愛因斯坦在《教育論》裡說：「期望得到讚許和尊重，根深柢固地存在於人性之中，要是沒有這種精神刺激，人類之間的通力合作就完全不可能。」

幾乎每一個自詡成功的領導人，都有一套自己引以爲傲的領導統御策略，但是這些策略往往流於權謀，僅僅著眼於如何利用別人爲自己賣命。一旦員工發現了其中存在著機詐成分，就會產生不信任、不確定的感覺，工作之時就會想要爲自己預留後路。

其實，想要提高員工的敬業精神和工作效率，大可不用如此大費周章，最有效的方式就是直接對員工表達自己眞誠的關切，用友好的態度對待下屬，用讚許的鼓勵方式啓發他們的自尊心。

某一個冬天的晚上，一個紐約電話公司的職員外出返家時，走到街頭的轉角處，突然停下腳步，出神地望著一幕發生在眼前的景象。他看見一位西裝筆挺的人，掀起了街道中心圓形的下水道鐵蓋，從裡頭鑽了出來。他感到不可思議，在這樣寒冷的夜裡，這個儀容整潔的人為什麼會從下水道的涵洞中鑽出來呢？

這個職員仔細一看，原來這個人不是別人，正是自己的老闆，當時正負責架設紐約市區電話系統的佛朗哥。他感到十分納悶，為什麼老闆會親自出馬鑽進下水道，難道裡頭發生什麼危急的狀況嗎？

於是，他連忙趨前問道：「佛朗哥先生，裡頭是不是發生什麼嚴重的事？」

只見佛朗哥拍拍手上的污垢，神情愉快地說：「沒什麼，只不過是有兩個接線工人，正在下水道裡趕工，我特地鑽進涵洞去慰問一下他們。」

後來，佛朗哥被紐約市民稱為「十萬人的好友」，成為美國電話業的先驅。

從這個身穿整潔衣飾鑽進下水道裡去慰問接線工人的故事，足以說明佛朗哥的成功並不是偶然。因爲，他沒有階級觀念，所以才能自然地表現出這種難能可貴的行爲。

他時常以關懷工作夥伴的心情，探視正在忙碌工作的員工，表達他對他們的重視與感謝。

愛因斯坦曾經在《教育論》裡說：「期望得到讚許和尊重，根深柢固地存在於人性之中，要是沒有這種精神刺激，人類之間的通力合作就完全不可能。」只有像佛朗哥一樣把員工當成工作夥伴，員工才會感覺自己確實受到尊重，工作之時才會充滿熱忱，盡力發揮自己的才華，彼此的合作關係才能維持長久。

你的心境，決定你的處境

稱讚不但對人的感情，對人的理智也有巨大的作用。在令人愉快的影響下，我覺得我變聰明了。

——托爾斯泰《童年．少年．青年》

11

幸福來自內在的滿足

摩里斯·梅特林克說：
「幸福就像是一隻膽怯的青鳥，
你費盡心思想要捕捉牠，
牠就會機警地飛去。
最好的方法是保持距離，
牠就會永久地陪伴著你。」

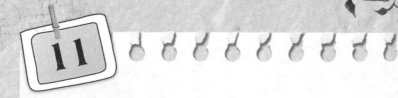

不要替困難找藉口

作家尤．特里豐諾夫曾經寫道：「你想要達到什麼目的，就要把所有的力氣，所有的手段，所有的條件，所有的一切都花上去，要盯住不放！」

如果我們的信念只是像一條小溪流，一被障礙堵住去路，就會蜿蜒地改道。但是，如果信念像滾滾洪流，儘管前面有巨石、大樹擋路，也會被我們澎湃洶湧的力量摧毀。

意志堅強的人擁有無堅不摧的力量，不管有什麼艱鉅的困難橫阻在眼前，他終究會憑靠著心中強大的創造力與堅韌的意志力，爲自己沖刷出一條全新的成功之路。

十七世紀時，法國有一個名叫帕利西的陶瓷工人，下定決心要發明一種白淨的釉藥，用來提高陶瓷器的品質和外觀。

但是，他只是一個窮工人，而且教育程度不高，這項工作足足花了他二十年的時間。

由於他日以繼夜地進行這項發明工作，導致家裡三餐不繼，他的妻子和鄰居都叫他「無可救藥的瘋子」。

二十年間，帕利西進行過幾百次實驗，雖然每次都遭到失敗，但是他還是不灰心。

後來，在最後一次實驗裡，因為爐灶的燃料不夠，他竟然把屋子裡所有可以燃燒的家具統統搬去燒光了。

這次，他終於獲得成功，也因此而成名了。

帕利西發明了釉藥，將原本單調的陶瓷器變得五彩繽紛，堪稱是一個「有志者事竟成」的最好例子。

「有志竟成」，是指當人下定決心去做一件事時，雖然遭遇重重困難，只要盡力以赴，最後一定可以獲得非凡的成功。事實上，許多著名的學者、藝術家、發明家，都像帕利西一樣，費盡心力去征服看似不可能征服的障礙，經過一番苦鬥，終於得到成功。

拿破崙之所以敢誇稱在他的字典裡沒有「不可能」這個字眼，是因為他知道成功最重要的因素，就是堅定不移的意志，以及不屈不撓的毅力，任何人只要具備了這兩項要素，最後一定會成功。

也許有人會懷疑地問：為什麼我們對某件事即使努力不懈地去做，最後仍然毫無成效？

這是由於我們想去完成它的意念不夠強烈，意志不夠堅定，尚未發揮自己所有的潛能所致。

作家尤．特里豐諾夫曾經寫道：「你想要達到什麼目的，就要把所有的力氣，所有的手段，所有的條件，所有的一切都花上去，要盯住不放！」

當我們並不是眞正想去做一件事時，一開始時就會爲困難找藉口，並且加以誇大。任何困難一被誇大，就會在自己的內心裡充滿著各式各樣的障礙，認爲自己無法加以克服超越。

你的心境，決定你的處境

我需要與之鬥爭的，就是我的成功。如果展現在我眼前的是平坦的道路，那簡直是件怪事。實際上，它是一條崎嶇險峻的羊腸小徑。

——梭羅《湖濱散記》

付出越多，得到越多

美國作家愛默生在談論友誼時曾說：「美德唯一的酬勞就是美德。贏得朋友的唯一方法就是自己先做別人的朋友。」

格拉安西在《世俗智慧的藝術》裡說：「友誼使人生的益處倍增，使人生的不幸倍減。它是苦難的唯一解藥，是靈魂的通氣之孔。」

因此，人在結交朋友的時候，內心要保持傲岸，但是，外表則要儘量謙虛溫和。因爲，內心傲岸可以激勵自己遠離卑賤庸俗的朋友，外表謙虛溫則可以使志向崇高的朋友樂於接近你。

美國總統羅斯福生前以人緣絕佳出名，據說，凡是和他見過面、談過話的人，都會衷心歡喜他。

有一次，他應邀前赴英國進行訪問，有一位當地的媒體記者請問他一個問題：「總統先生，聽說你很受美國人民歡迎，請問你是用什麼方法來使人喜歡你呢？」

羅斯福微笑著回答說：「我從來不曾有過試圖使人喜歡自己的念頭。我只知道自己很真誠地去喜歡每一個我所接觸過的人。因為，我從小就牢記一句很有意義的格言——愛是一條用來把社會貫串在一起的金鍊，有著化敵為友、轉剛為柔的奇妙力量。」

人與人之間的友誼很微妙，也很現實，交友的第一原則是：你想要別人怎樣待你，你就應該先怎樣待別人。

羅斯福雖然不刻意去使別人喜歡他，但是，他待人接物的準則，正好是贏得別人喜歡的最佳方法。

美國作家愛默生在談論友誼時曾說：「美德唯一的酬勞就是美德。贏得朋友的唯一方法就是自己先做別人的朋友。」

人類的情感交流，其實就像是空谷回音聲一般，你付出得越多，回向自己的友誼也越多。

友誼的形成，大半是出於一時之興，或是機緣巧合。儘管彼此成爲朋友是一件快速、容易的事，但是，眞正的友誼則是緩慢成熟的果子。

一個人能不能勇於伸出友誼的雙手，事實上與胸襟有密切關聯。人的胸懷應該如同海洋一般廣闊，能夠不辭涓涓細流，如此才能建立寬闊而和諧的人際網路。

你的心境，決定你的處境

人總是免不了會將早年的朋友，當作水手的航海日誌一般看待，藉此來測量自己的發展情況。

——霍姆斯

幸福來自內在的滿足

摩里斯．梅特林克說：「幸福就像是一隻膽怯的青鳥，你費盡心思想要捕捉牠，牠就會機警地飛去。最好的方法是保持距離，牠就會永久地陪伴著你。」

許多人想要過得幸福快樂，到頭來卻變得越來越不幸福，越來越不快樂。這是因爲他們不滿足於現狀，不知道幸福快樂就在於內心世界的滿足，而想從外在的物質世界去找尋名聲、財富、權勢……來填滿自己的慾壑，胸中充滿這些塵俗的東西，結果當然越來越不快樂。

有一位信徒非常虔誠，十幾年來風雨無阻，每天都到寺廟裡上香，並且對著神佛默禱。這種精神頗讓寺廟的住持欽佩。

可是，不知從什麼時候起，這個信徒突然不再出現，寺廟住持納悶之餘，不禁擔心他是不是出了什麼意外，無法前來上香祈福。

過了一陣子，住持外出辦事時，恰巧遇見這位信徒，連忙問他是不是出事了。誰知道，這位信徒竟然忿忿不平地問說：「住持師父，我十幾年來風雨無阻地到廟裡燒香膜拜，夠誠心誠意了吧？」

住持莫名所以，小心翼翼地回答：「這種精神，的確難能可貴。」

信徒接著問道：「既然如此，為什麼我十幾年來對神明許下那麼多願望，卻從來沒有一件實現呢？」

住持這時才恍然大悟，不禁搖搖頭說：「這是理所當然的事，因為神明根本沒聽見你說什麼。」

信徒疑惑地問道：「為什麼？」

住持回答說：「因為你所燒的香裡，充滿難聞的市儈味道，神明一聞見就退避三舍，怎可能聽見你所說的願望？」

諾貝爾文學獎得主摩里斯．梅特林克說：「幸福就像是一隻膽怯的青鳥，你費盡心思想要捕捉牠，牠就會機警地飛去。最好的方法是保持距離，牠就會永久地陪伴著你。」

一般人都以爲金錢會帶來快樂，常常嘆息：「要是我有很多錢就好了，我一定會變得很快樂！」

其實，這是錯誤的想法。金錢的力量固然不容輕視，但是，爲什麼富有的人常常感到苦惱，有些窮人反而能怡然自得呢？由此可見，幸福快樂的泉源並不是財富，物質生活貧乏的人只要知足，也能過得快樂自在。

良好的健康是幸福快樂的基礎，疾病纏身的人是快樂不起來的。身體不健康會帶來沮喪和抑鬱……等等負面情緒，所以，想要過得幸福快樂，首先就得保持身心健康。

懶惰的人很少是快樂的，大部分喜歡發牢騷的人都是無所事事的懶惰蟲。勤勞工作的人大都是愉快的，因爲他們會在工作上得到樂趣，使自己從沉悶、抑鬱中解救出來。

一個人必須有適當的娛樂和嗜好，來充實空閑的時間，不懂利用閑暇時光，就不會有快樂。諸如運動、音樂、閱讀……等等有益身心的消遣活動，都會增加生活上的快樂。此外，適當的社交活動也是快樂的一大來源。人是群體的動物，誰也不能過著離群索居的生活，與真心的朋友交往，也是一種樂事。

總而言之，幸福快樂的真正來源是內心的滿足。快樂的王國就在你的內心裡頭，如果你過著仁慈、謙讓、寧靜和正直無私的生活，那麼，幸福快樂就會永遠伴隨著你。

你的心境，決定你的處境

幸福的人，心情是沉重的。他們小心翼翼地捧著自己的幸福，猶如那是一只注得滿滿的酒杯，稍有絲毫不慎，就會灑落酒滴，或打破酒杯。

——巴爾貝．多爾維利

不要故意表現得比別人聰明

吉德特菲爾爵士曾經再三告誡他的兒子說：「你應該比別人聰敏，但你不能把聰敏去向別人誇耀！」這真是一句很好的處世金箴！

世界上有許多事物並沒有絕對的是非，尤其是在這個快速變遷的時代，許多我們根深蒂固認爲對的事物，經常過了一陣子就成爲錯誤的了。古代希臘的大哲學家蘇格拉底，就是因爲了解萬物變化迅速無常，因此在雅典城講學的時候，經常對他的學生說：「我只知道一件事，那就是我什麼都不知道。」

像蘇格拉底這樣學問淵博，被譽爲西方哲學鼻祖的人，尚且如此謙虛，那麼，對許多事物一知半解的我們，豈可自詡無所不知，處處與人言詞爭鋒呢？

美國激勵作家賈孚，有一次前去訪問曾在北極圈住過十一年的科學家兼探險家史蒂芬生。當時，史帝芬生正在做一項試驗。賈孚問他打算證實什麼，史帝芬生回答說：「科學家永遠不敢說自己能證實什麼事，不過是試著去找出某些自己不了解的事實而已。」

史蒂芬生這種謙虛客觀的態度，使得賈孚銘記在心，時時引為借鏡。因此，他在巡迴演講的時候，經曾勸告聽眾說：「如果我們都具有史帝芬生這種虛懷若谷的態度，在待人接物方面就不會遇到難題。而且這種與人無爭的態度，也可以使別人變得謙虛。」

當我們想要證明自己對某些事情的看法是對的，必須留意自己說話的態度，千萬不要趾高氣揚，刺傷別人的自尊，最好以婉轉的說法讓對方有所了解，在心照不宣的情形下維護對方的顏面。

吉德特菲爾爵士曾經再三告誡他的兒子說：「你應該比別人聰敏，但你不能把聰敏去向別人誇耀！」

這眞是一句很好的處世金箴！縱使我們十分確定別人犯了錯誤，也不用因而驕傲自大，咄咄逼人，最好的方式是保持緘默，讓時間證明一切。

如果，你當時的處境不容許你保持緘默，最好也得用委婉的言辭說：「對於這件事，我有一些不同意見，但是，這些意見不見得是對的，只是提供大家參考，假如不對的話，我願意改正過來。」

這樣，自己先表示了退讓，對方不會對你表示反感的。

你如果不保持虛懷若谷的態度，用婉轉的態度表達自己的觀點，而硬要魯莽地指出別人的錯誤，那麼在人際交往上，無疑將發生許多不可預知的嚴重結果。

你的心境，決定你的處境

發表我們的看法時帶點謙虛，我們便可以隨意改變看法而不用臉紅。

——T．威爾遜《虔敬的箴言》

細心照顧別人的自尊

英國文學家R．奧爾丁頓在《上校的女兒》書中說：「一點溫情和好心，以及一點無私之心，可以使這個美好的地球變成塵世的天堂。」

以倡導積極思想聞名全球的皮爾博士，一再鼓勵世人說：「存在於人內心當中的仁慈，是不會因為過於忙碌而無暇表達出來的。」

事實上，只要我們肯多費一些心思去觀察，就會發覺生活周邊充滿著讓我們表達仁慈的機會，只是我們的雙眼和心靈都被塵世的俗務蒙蔽了，因此未能即時對別人表達對心中的關愛。

有一次，皮爾博士到紐約的義大利區購物，看到一個大約八歲左右的義大利裔小男孩，正在幫他父親販賣堆放在手推車上的蔬菜。

這個小男孩很得意地賣了一把青菜給一個婦人，等著她付錢。但是，婦人卻逕自把錢交給他的父親了。

這一瞬間，小男孩臉上的笑容消失了，肩膀垂了下來。

皮爾博士認為自己應該設法恢復這個孩子的自尊。

於是，皮爾博士走向前去，選了一些蕃茄和青菜裝在紙袋裡，故意給小男孩一張大鈔。小男孩皺起眉頭，專心計算了一會兒，然後才綻開笑容，正確無誤的把零錢找給他。

皮爾博士趁機誇獎他說：「謝謝你，你算得可真快！」

「呵！這沒什麼！」小男孩一邊說，一邊望著他的父親。這時候，四周的人都露出會心的微笑。

皮爾博士這種行為造成的溫馨氣氛，感染了周遭的人。

英國文學家R．奧爾丁頓在《上校的女兒》書中說：「一點溫情和好心，以及一點無私之心，可以使這個美好的地球變成塵世的天堂。」

心地仁慈的人，可以保護並且擴大別人的自尊心，使他們尋回失落的的自我。在我們的所有感情中，慈善之心無疑是最溫柔，最無惡意的。我們應該試著用慈善之心，透過體貼他人的行爲，把愛的能量發揚光大。

你的心境，決定你的處境

同情之心，會使軟弱的人覺得這個世界溫暖，也會使堅強的人覺得世界高尚。

——阿德諾《亞洲之光》

小心別人把你當成狗

美國作家羅傑斯在《與人交往》裡說：「真誠，是人們交流接觸的基礎，也是人們的友好關係的前提。」

許多名人的成功秘訣都是「懷抱著感激的心情面對別人」。這個秘訣使他們不分貧富貴賤，總是以親切誠摯的態度待人，因此得到無數寶貴的友誼，幫助自己成就傑出的事業。

美國早期著名的魔術家霍斯登，在四十多年的表演生涯中，足跡踏遍全世界，看過他表演的觀眾超過六千萬人。

他的魔術表演讓全球各地的觀眾如癡如狂，著迷不已，曾經有人問他成功的秘訣究竟什麼，是不是受過良好的教育？他回答說：「我的成功與教育毫無關係，因為我從來沒有讀過書。我很小的時候就流離失所，白天靠乞食過活，晚上睡在草堆裡。我現在所認識的幾個字，全是沿著路上的廣告看板學來的。」

又有人問他，是不是對魔術有特別獨到的研究，他說：「不是。我相信魔術造詣比我更精深的人多得是，市面上琳瑯滿目的魔術書籍，都是那些專門鑽研魔術的人寫的。」最後他透露，他成名只靠一個與眾不同的特點，那就是懷抱著感激的心情從事表演。

他曾下了很大的功夫，研究如何才能使自己表現得最完美，無論一舉一動，甚至說話的腔調、臉部的表情，都以博得顧客歡愉為前提，儘量做得恰到好處。

更重要的是，他上台表演時，不像一般的魔術家以輕視的態度面對觀眾，只想隨便「騙他們一下」。他以感激的心情報答觀眾的厚愛，一心一意使他們渡過這段美好的時光。

美國作家羅傑斯在《與人交往》裡說：「真誠，是人們交流接觸的基礎，也是人們的友好關係的前提。」

如果我們待人缺乏誠心，做事抱著敷衍的態度，那麼有誰會信任我們的人格和能力？人與人之間的互動關係是相對的，我們怎麼待人，別人就會以同樣的態度對待我們；我們把別人當成狗一樣對待，別人自然也以狗看待我們。

因此，當我們行事遭遇失敗挫折的時候，先別急著怨天尤人，不妨先捫心自問：「我待人處事的態度是不是誠懇？」

當我們自我檢討以後，如果發現自己待人接物的態度不夠誠懇，那麼失敗是必然的結果，還有什麼資格埋怨別人呢？

你的心境，決定你的處境

如果彼此不欺騙，如果尊重自己也尊重別人，這時候，不管彼此保持什麼樣的關係，都是健全的關係。

——馬卡連科

誠懇待人就會受歡迎

日本作家池田大作在《人生寄語》中說：「要時常撫弄心靈的琴絃，表達出自己的心，社會或人際關係失去心靈的音樂，必然會變得無聊乏味，變得冷酷無情。」

遠在西元前一百年，羅馬大詩人薛萊士就說過人際交往的原則：「有人來關懷我，我當然也會對他關懷。」

如果你想受人歡迎，第一件就是學會用誠懇的態度對待別人。

挑起第一次世界大戰的德皇威廉二世，在戰爭結束後有如過街老鼠，遭到全球人士痛恨斥責，連德國民眾也同聲譴責他是罪魁禍首。

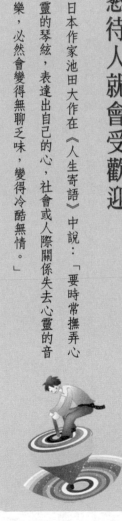

後來，威廉二世避居荷蘭，過著深居簡出的寂寥日子。

有一天，他忽然接到一封來自德國的信，是一個小男孩寫的，信中的措詞雖很簡單幼稚，卻充滿了熱情。他在信裡面說：「不管別人怎麼譴責咒罵你，你還是我最敬愛的威廉大帝！」

這簡短的幾句話，使威廉二世感激零涕，異常歡喜，連忙邀請這個小孩子前來與他會面。不久，小男孩由他的母親陪伴，從德國前赴荷蘭晉見威廉二世。後來，威廉二世竟然與他母親發生戀情，兩人終於結婚。

這則軼事提醒我們，世上沒有一個人不喜歡受人讚美，不管我們面對的是不可一世的國王，或是卑微渺小的人，誠摯的讚美都將是開啓他們心扉的鑰匙。日本作家池田大作在《人生寄語》中說：「要時常撫弄心靈的琴絃，表達出自己的心，社會或人際關係若是失去心靈的音樂，必然會變得無聊乏味，變得冷酷無情。」

第一流的商人或政客想要爭取關鍵人士的支持認同時，往往會先下一番苦功，仔細觀察他們想要結交的對象，最擅長或最得意的事是什麼，然後以最誠摯的態度，巧妙地加以讚美，而不是以虛偽的言詞阿諛諂媚。

想要將朋友吸引到自己的身邊，也是同樣的道理，必須用誠摯的態度與人交往，稱讚他們已經顯露出來的優點，發掘他們本身還未察覺的長處。

你的心境，決定你的處境

當我們真心誠意讚揚一項高尚行為時，在某種意義上來說，就等於我們也參與其事。

——拉羅什富科《箴言集》

學會放下就是快樂

Simple life is Happiness

生活是一種品嚐生命盛宴的哲學，最終的目的是創造樂觀積極的思想，從簡單的生活中獲得幸福快樂。
越懂得放下，心靈就越豐富，人生就越快樂越幸福……
人生在世，總難免追求更多錢財，追求更好的名聲，希望過更好的生活，擁有更圓融的人際關係……
但是，如果我們不懂得過簡單的生活，放下過多的慾念，又如何能讓自己的內心安樂呢？

躁動時代的
簡單生活智慧

千江月 編著

生活良品

33

你的心境，決定你的處境

作　　者　連城紀彥
社　　長　陳維都
藝術總監　黃聖文
編輯總監　王　凌
出 版 者　普天出版家族有限公司
新北市汐止區忠二街 6 巷 15 號
TEL / (02) 26435033 (代表號)
FAX / (02) 26486465
E-mail：asia.books@msa.hinet.net
http://www.popu.com.tw/
郵政劃撥 19091443 陳維都帳戶
總 經 銷　旭昇圖書有限公司
新北市中和區中山路二段 352 號 2F
TEL / (02) 22451480 (代表號)
FAX / (02) 22451479
E-mail：s1686688@ms31.hinet.net
法律顧問　西華律師事務所・黃憲男律師
電腦排版　巨新電腦排版有限公司
印製裝訂　久裕印刷事業有限公司
出 版 日　2021 (民 110) 年 8 月第 1 版
I S B N◉978-986-389-783-5　　條碼 9789863897835

國家圖書館出版品預行編目資料

你的心境，決定你的處境／
連城紀彥著.—第 1 版.—：新北市,普天出版
民 110.8 面；公分. - (生活良品；33)
I S B N◉978-986-389-783-5 (平裝)

普 天 之 下 · 盡 是 好 書

普天出版家族
Popular Press Family

凌雲文創
A-Plus Creative Company